Performance

パフォーマンス教職入門

みんなで一緒に育つために

郡司菜津美

北樹出版

・――――――・目　　次・――――――・

第０章　未来の自分になる：becoming who you are going to……6
　これを書いている私は誰か？（6）
　この本を書いた理由（8）
　頭の中から世界に飛びだそう（9）
　パフォーマンスで未来の自分になる（12）
　子供と一緒に育つためのパフォーマンスをしていこう！（14）
　未来の自分に「なる」ために（16）

第１章　つながる：connecting……19
　共同の意志は人と関わる基本（19）
　さすが私達！と思えるクラスへ（20）

第２章　演じる：performing……26
　[1]「演じる」際のポイント（26）
　[2] ウォーミングアップ：自己紹介（26）
　＊コラム1　あなたの先生はあなた自身（27）
　[3] 基礎編：教育基本法の前文をパフォーマンスしよう！（27）
　[4] 応用編：「人格の完成」をパフォーマンスしよう！（29）
　＊コラム2　「人格」と「気質」「性格」の違いって何？（31）
　＊コラム3　オーディエンス・パフォーマンスこそ大事！（35）
　[5] 学びのふりかえり（35）

第３章　共同する：collaborating……36
　[1]「共同する」際のポイント（37）
　[2] ウォーミングアップ：カウントアップ（38）
　[3] 基礎編：服務に関する事項をリードアップしよう！（38）
　[4] 応用編：服務規程をパフォーマンスしよう！（42）
　[5] 学びのふりかえり（47）
　＊コラム4　正常性バイアスの落とし穴に気をつけよう！（48）

第４章　対話する：interacting……49
　[1]「対話する」際のポイント（50）
　[2] ウォーミングアップ：ペンのダンス（50）
　[3] 基礎編：教員になって対話しよう！（51）
　＊コラム5　文化の担い手、正統的周辺参加（53）

＊コラム6　学びと勉強（54）
　　　［4］応用編：なぜ学校に行くの？を保護者と対話しよう！（55）
　　　［5］学びのふりかえり（61）
　　　＊コラム7　保護者は最大の応援団！（62）

第5章　みる：seeing=perceiving / looking / observing……………64
　　　＊コラム8　5種類のみる（64）
　　　［1］「みる」際のポイント（65）
　　　［2］ウォーミングアップ：3changes（67）
　　　［3］基礎編：みるとはどういうことか？（68）
　　　［4］応用編：授業観察をしよう！（77）
　　　［5］学びのふりかえり（78）

第6章　支える：supporting / scaffolding……………83
　　　［1］「支える」際のポイント（84）
　　　［2］ウォーミングアップ：水平思考ゲーム（90）
　　　［3］基礎編：学級・ホームルーム経営をパフォーマンスしよう！（91）
　　　＊コラム9　教員は本当にブラックか？（97）
　　　［4］応用編：ドリームスクールを完成させよう！（98）
　　　＊コラム10　発達の最近接領域：a head taller（99）
　　　［5］学びのふりかえり（102）

第7章　やる気にさせる：motivating……………104
　　　［1］「やる気にさせる」際のポイント（105）
　　　［2］ウォーミングアップ：イルカの調教（106）
　　　［3］基礎編：ミニジグソー法で文章を読もう！（106）
　　　［4］応用編：「秘密の授業」をしよう！（111）
　　　［5］学びのふりかえり（116）
　　　＊コラム11　「この問題がわかる人？」方式の罠（117）

第8章　遊ぶ：playing……………119
　　　［1］「遊ぶ」際のポイント（119）
　　　＊コラム12　自己有用感の向上を目指して（120）
　　　［2］ウォーミングアップ：何してるの？（120）
　　　［3］基礎編：学習指導要領の変遷を辿ってAIと遊ぼう！（121）
　　　［4］応用編：即興授業づくり＆実践をしよう！（125）
　　　＊コラム13　アクティブ・ラーニングと受験用の知識を教える授業の両立はどうすれば？（141）

［5］学びのふりかえり（142）

第9章　変化する：changing……144
　　　［1］「変化する」際のポイント（145）
　　　［2］ウォーミングアップ：はぁっ？ていうゲーム教員編（146）
　　＊コラム14　何も変わらないものは、何も変えられない（148）
　　　［3］基礎編：紙芝居「指導と評価の一体化」をパフォーマンスしよう！（148）
　　　［4］応用編：「指導と評価の一体化」をパフォーマンスしよう！（155）
　　　［5］学びのふりかえり（160）
　　＊コラム15　授業が学びを決める／あなたの学習観は？（160）

第10章　まもる：protecting……162
　　　自分を「まもる」（163）
　　　周りの命を「まもる」（164）
　　　未来の命を「まもる」（165）
　　　［1］「まもる」際のポイント（166）
　　　［2］ウォーミングアップ：これなぁんだ？ゲーム（168）
　　　［3］基礎編：性は「教育」すべきことなのか？（168）
　　　［4］応用編：性について自己決定させる教材をつくろう！（175）
　　　［5］学びのふりかえり（183）

第11章　ありがとう：appreciating……185
　　　［1］「感謝する」際のポイント（185）
　　＊コラム16　「感謝」の語源（186）
　　　［2］ウォーミングアップ：UPSET（186）
　　＊コラム17　失ってから気付くのでは遅い（186）
　　　［3］基礎編：学校教育のない世界をパフォーマンスしよう！（187）
　　＊コラム18　物理的な距離は心の距離（188）
　　　［4］応用編：チーム学校で学び続けよう！（188）
　　　［5］学びのふりかえり（191）
　　＊コラム19　教員はマグロ!?（191）

この本に出会ってくれてありがとう……192

引用文献……196

索　　引……202

資料掲載 URL
http://www.hokuju.jp/performancekyoushoku/

パフォーマンス教職入門

みんなで一緒に育つために

becoming who you are going to
未来の自分になる

　　教員に「なる」あなたへ
　私はこの本を、教員に「なる」あなたに向けて書いています。例えば、教員になることに興味を持ち、講義で仲間と一緒にこの本を読もうとしてくれるあなた達に向けて書きたいと思っています。いきなりですが、この囲みのタイトルで、なぜ「なる」と、カギ括弧をつけて強調したのだと思いますか？
　教員になるということは、教員免許を持っていることと同義ではありません。「私の将来の夢は教員になることです」というとき、その人は、教員免許状を高々と掲げる自分を想像しているわけではなく、子供達と楽しそうに学ぶ自分の姿をイメージしているはずです。例えばお寿司屋さんになったフリをしてみてといわれたら、店名と肩書きの入った名刺を差し出すのではなく、「へいらっしゃいっ！　何にします？」と言いながら両手で寿司を握る動作をパフォーマンスするでしょう。私達がその人を、「誰であるか」と捉えられるのは、その人が教員や寿司職人の肩書きを持っているからではありません。教員や寿司職人のパフォーマンスが、その人を教員や寿司職人にしているのです。
　本書は、教員であること（being a teacher）を目指すのではなく、児童生徒（以下、子供）を含めてあなたがその場でちゃんと教員になること（performing a teacher）を目指しています。その場でちゃんと誰かになるために、頭の中のイメージを飛びだして、あなたのその身体で教員をパフォーマンスする旅に仲間と一緒にでてほしいと願っています。私はこの本を、自分（達）という殻を破り、未来に向けてパフォーマンスしていくあなた（達）、そしてそれを手伝いたい私に向けて、書いています。

■■　これを書いている私は誰か？

　私は現在、大学で教員養成の仕事をしています。学校教員を目指す学生達と一緒に、私自身も大学教員をパフォーマンスし続けながら、自分という殻を破ろうともがき続けています。私にとってのパフォーマンスとは、誰かにとっての誰かになることです。私が今、大学教員であるということは、大学教員とし

てのパフォーマンスをし続けているからであり、それはとりも直さず、学生達や周りの人達にも、私が大学教員でいられるような共同を共にしてもらっているからだと思っています。そうでなければ、私はただ、大学教員という肩書きを持った人にしかすぎません。

　私がどんな人間かを知っていただくために、私の少女時代がどんな様子だったかをご紹介します。例えばまだ字が読めなかったとき、私は本を逆さまにして「むぅかぁーしっ、むぅかぁーしぃあぁるところにぃー！」と得意げに読んでいるような子供でした。ときには「みんどこ、みんどこ」と意味不明な言葉を発しながら人形遊びをして、「みんどこってどういう意味なの？」と母に尋ねられても「よくわからない！」と嬉しそうに返事をし、その後も「みんどこ、みんどこ」と楽しそうにパフォーマンスし続けていたそうです。当時から、自分でありながら自分以外の誰かになろうとするのが自分らしさで、そんなパフォーマンスを、心と身体全体で楽しんでいました。「あなたは普段からパフォーマティブ過ぎたのよ」ということを、母はいつも笑いながら話してくれます。今思えば、私の少女時代は、私らしくあること（それは私以外の架空の誰かになろうとすることを含むのですが）のためのパフォーマンスの連続でした。

　しかしながら、ときは過ぎ、大人になると、自分を超えるようなパフォーマンスは、理性という名の恥ずかしさと共に少しずつ抑え込まれていきそうになります。私自身もそうですし、大学生もそうです。大学教員となった今、「みんどこ、みんどこ」ほどのパフォーマンスで学生達を巻き込もうとしても、大学生はそう簡単にノってはくれません。「月曜の２限からこんなことするの、きっついわ〜」としらけたムードになりかけます。

　「まてまて。今、私は、学生達自身が巻き込まれたくなるようなパフォーマンスをしているのだろうか？大学生がパフォーマンスを遠慮してしまうような、乾いた大学教員のパフォーマンスを私自身がしているのではないか？私は、縮こまった私のパフォーマンスしかしていないのでは？このままでいいのか？いや、このままじゃダメだ！発達すべきは教員の方だ！」とグルグルと頭の中で、自分の殻を突き破るためのパフォーマンスへの義務感または欲求が渦巻いていきます。こうして私は今、この本を書きながら、学生達と一緒に、「自分達らしさのパフォーマンス」を超えるようなパフォーマンスに挑戦

し、経験していきたいと強く感じているのです。

■ この本を書いた理由

私がこの本を書こうと思った理由は、主に2点あります。

まず第一の理由は、教職に興味を持つ学生達に教員になることの面白さと意義を伝えたいという想いがあるからです。この本を手に取ってくれたあなたなら、教員という仕事の面白さと意義をある程度知っているかもしれません。「中学校の担任の先生に憧れて」「高校時代のあんな先生になりたい」といったように、自分が学び手だった頃の学校の思い出から、教員を目指す人は少なくはないでしょう。私自身も、とてもたくさんの魅力溢れる先生方に出会い、様々なことを学んできました。

では、皆もう知っていることだから、教員の魅力をこれ以上ここで伝える必要はないのでしょうか？ そんなことはありません。私達の知っている教員の姿は、学び手の視点からみた姿です。大人になって教員として教え、また教員養成の教員という立場で教育現場に関わってみると、実は教員とはもっともっと奥が深くて、もっともっと面白く、意義深いものだということに気付きます。

教員は、教えることよりも、子供達から教わることの方が多い職業です。教えることは、単に一方通行で行えることではありません。教えることは、教え方の教わり続けで、終わりのない旅のようなものです。だからこそ教員になることの面白さと意義は、実はもっともっとたくさんあって、本書ではそれが伝わるように工夫をしました。

ただし、その魅力を心と身体で感じるためには、あなたがこの本から顔を上げて、頭の中から仲間とのやりとりへと飛びだして、パフォーマンスをすることが重要です。教員免許状を持っているだけでは、教員の面白さは分かりません。子供達と、周りの大人達と関わることで初めて、教員としての面白さ・意義を実感することができるのです。本書を通して、あなたがもっともっと教員になりたい！と思ってくれることを願っています。

第二の理由は、私自身が学生達ともっともっと、より良い教員のパフォーマンスをしていくことに挑戦し続けていきたいと思っているからです。先に述べ

たように、私は今大学教員として、学生達を巻き込めるようなパフォーマンスを目指し、自分の殻を破ろうともがき続けています。この本は本当は、私が自分自身に挑戦するために書いているのかもしれません。しかしながら、どう頑張ってもひとりではパフォーマンスできない。より良い教員のパフォーマンスは、それを受け止めてくれる児童・生徒・学習者がいて初めて成立します。皆が一緒に学ぼうとする場は、ひとりきりではつくることはできません。パフォーマンスをするとき、私が「誰」であるのかを誰かに受け止めてもらわなければ、私のパフォーマンスは成立しないのです。少女時代の私を家族がしっかりと受け止めてくれたように、自分を超えていくパフォーマンスにはそれを支える仲間が必要なのです。

　私はこの本を通して、自分達の現状のパフォーマンスを超えていくパフォーマンスを一緒に成り立たせる仲間と出会いたいと思っています。学生達と一緒に、より良い教員のパフォーマンスをしていきたいと強く願っています。同時にあなたにも、自分を超えられるパフォーマンス仲間を見付けてほしいと思っています。自分の殻を破り、まだみぬ未来の自分になりたいあなたからこそ、この本を一緒に読み、一緒にパフォーマンスをしてくれる仲間を探してほしいのです。教員になるための仲間を見付けるきっかけにしてほしいのです。

■■ 頭の中から世界に飛びだそう

　教員の面白さと意義を実感するために、早速ここで「あなたのイメージする教員」の姿を10秒間、パフォーマンスしてください。

> **Let's try!** 1：10秒間であなたのイメージする教員をパフォーマンスしよう！
> 考える時間は3秒です。3、2、1、ハイ。

　あなたがパフォーマンスしたのはどんな教員だったでしょうか。リアリティのあるものでしたか。それとも映画や演劇、小説の世界のように、フィクション的なものだったでしょうか。少し話は脱線しますが、昔は学園ドラマがたくさんありました。80年代から30年以上断続的に放送された有名な学園ドラマ

の主人公、金八先生には有名なセリフがあります。長髪を耳にかきあげながら黒板に「人」という字を書いて、「ひぃとぉという字はぁ～、ひぃとぉと～ひぃとぉがぁ支え合ってぇ～できています！」というものです。あなたはどんな学園ドラマを知っていますか？

　さて、あなたがどんな教員をパフォーマンスしたのか、検討してみましょう。今から細かく質問をします。それぞれをふりかえってみてください。

> あなたのパフォーマンスに相手はいましたか？　相手がいた場合、どの校種の児童生徒を思い浮かべましたか？　それとも保護者でしたか？　同僚の教員でしたか？　職員でしたか？　あるいは別の誰かでしたか？
> あなたは笑っていましたか？　怒っていましたか？　普通の表情でしたか？　泣いていましたか（もしかして卒業式のワンシーン？）？　視線はどこでしたか？
> 声の調子はどうでしたか？　ゆっくり話していましたか？　早口でしたか？
> 大きな声でしたか？　小さな声でしたか？　普通の声？　声のトーンは？
> どんなセリフでしたか？　誰かに生徒指導をしていたでしょうか？　授業をしていたでしょうか？　朝のホームルームの時間でしたか？　職員室の出来事でしたか？　電話越しでしたか？　校庭で遠くに向かって叫ぶような感じでしたか？　もし、「すみませーん！ボール取ってくださーい！」と物理的に離れた場所をイメージしてパフォーマンスをしたのなら、あなたは豊かな想像力があります！　その想像力、大事にしてください！
> 身体の動きはどうでしたか？　両手は何をしていましたか？　首の動きは？　上半身と下半身は？　座っていましたか？　立っていましたか？　もしかして走っていたり？

　おそらくあなたの教員のパフォーマンスは、「私は教員です」という肩書きを伝えて名刺を差しだすものではなく、前述したような教員らしい**パフォーマンスの集合の一部**であったでしょう。

　さて、ここまで質問をされて、教員のパフォーマンスを「いや、ほんとにはやってないです……」という人はどのくらいいるでしょうか。きっと、ほとんどの人は、すぐにこの本を横に置いて、教員のパフォーマンスに取り掛かったりはしなかったことでしょう。ここまで、そーっと何食わぬ顔をして読み進めてきたのではないでしょうか。安心してください。それで良いのです。それ

が、一般的な反応です。むしろ、それが自分の殻を飛びでる前の、あなたの自然な状態なのです。実際に身体を動かしてパフォーマンスした、そこのあなた！ その調子で次のパフォーマンスをしてみてください！ パフォーマンスしなかった方も、した方も、この本とともに学び進める前に、まずはそれぞれ自分の初期状態を知っておいてほしいのです。

では、ここでまたいきなりですが、今度は、「あなたになる」10秒間のパフォーマンスをしてください、といわれたらどうでしょうか。

> Let's try!
> 2：10秒間であなたに「なる」パフォーマンスをしよう！
> 考える時間は3秒間です。3、2、1、ハイ。

どうでしたか。突然、自分をパフォーマンスするって何？と違和感を覚えたかもしれませんね。あなたは誰よりも、あなたという人間を振る舞ってきた、いわばあなたのプロフェッショナルです。あなたは、理論や知識を元に自分という人間を振る舞っているわけではありません。むしろその逆で、あなたは自然に、あなたという人間になっているでしょう。

ここで、宣言しましょう。あなたは、今のあなたのままでいることはできません。これから、あなたがこの本をガイドに、仲間と共に教員になることを目指すのであれば！ この本は、「教職パフォーマンス」に入門する本です。あなたは、今からこの本を読みながら、自分という殻を破り、挑戦し、未来の自分に向かって教員としてのパフォーマンスをしていくことになります。今の自分ではない、教員というパフォーマンスが未来のあなたをつくりだし、だからこそ教員として発達していくことになるのです。

自動的で無意識であるあなた自身のパフォーマンスだって、意識的にいくらでも変えられるものです（高級レストランでお姫様然と振る舞ったり、好きな人を前に好きだとバレないように工夫したり、仲間の手前怖くないフリをしたり、etc……）。未来の自分を先取りして振る舞うことは、人間であれば誰にも備わった可能性です。教員というパフォーマンスについて仲間と検討していくことで、なりたい

第0章　未来の自分になる

あなたを構想し、なりたいあなたのパフォーマンスを目指していくことは、その気になれば誰だって、誰とだって、いくつになっても、できるのです。

■ パフォーマンスで未来の自分になる

　本書におけるパフォーマンスとは、ひとりの頭の中の世界から飛びだして、実際に心と身体を動かすことです。これは、私が大切にしている発達の定義「仲間と共に、自分ではない誰かを演じることで、自分ではない存在になること」（ホルツマン, 2009/2014）からきています。これは、ただ何かを行為するのではなく、誰かにとって今の自分ではない誰かになってみる、そのことで誰かと共に未来の自分になっていくという人間の発達の道のりをシンプルに説明しているものです。例えば小さい子供達が、ごっこ遊びをする様子を想像してください。子供達は、学校の先生と児童に分かれて授業ごっこをしています。黒板も、チョークも、机も、椅子も、教科書も何もないまま、学校ごっこを成立させています。

　　ミサキ「はい、トオルさん。これは、なんですか（木の枝を高く掲げて）」
　　トオル「はい、せんせい、それはまほうのステッキです」
　　ミサキ「はい、せいかい。よくできました。ごほうびにこのシール（実は
　　　　　葉っぱ）をあげます」
　　トオル「わぁ！ ミサキせんせい、うれしい！ ありがとうございます！」

　ひとりの頭の中から飛びだして、パフォーマンスとして関わり合うことが、ごっこ遊びの本質です。本人達は、学校の先生と児童を一緒にパフォーマンスすることで、即興かつ共同で場面をつくりあげることを楽しんでいます。一方で、ひとりの頭の中で想像する人形遊びは、たいてい自分のシナリオ通りに場面が進行していくことでしょう。しかし、現実世界の他の子供との即興でのやりとりは、必ずしも自分の思い通りに進むわけではありません。ここでの彼らは共に場面をつくることで未来の自分達をパフォーマンスしているのです。

　ミサキは「これは木の枝で、魔法のステッキじゃない！」と言い返したかもしれないし、トオルはごほうびの葉っぱ（彼らにとっては素敵なシール）を喜ばないかもしれません。子供達は自分ではない誰かをパフォーマンスしながら、そ

の時に起こりえる状況に即興で対応し、未来を生きていく練習をしているのです。このように、ひとりぼっちの頭の中を飛びだして世界（仲間やモノ）と関わり、誰かを演じることで自分の頭の中の自分を超え、否応なく未来の自分になり続けることの繰り返しこそが人間を人間たらしめる練習なのです。ここでホルツマンの発達の定義「仲間と共に、自分ではない誰かを演じることで、自分ではない存在になること」をもう一度味わってみてください。

　本書も子供のごっこ遊びと同じく、人間同士が関わり合うことによる発達プロセスに期待しています。頭の中で想像するだけではなく、頭の外の世界と関わって変わり合うことを大切にしています。そのため、繰り返し述べているように、この本では、パフォーマンスを重視しています。この本を教職入門ではなく、教職パフォーマンス入門と表現したのは、このような理由があったのです。

　この本は、教員とは何か、教員とは誰であるのか、そのことをひとりの頭で理解することに主眼を置いて書かれているものではありません。そうではないのです。教員のパフォーマンスをすること、仲間と挑戦すること、心と身体を動かしてやってみることを重視しています。頭の中でイメージする教員の姿は厳しい言葉でいえば、妄想でしかありません。その妄想を抜けだして、仲間と現実にパフォーマンスをしてほしいのです。

　実際に身体を動かしてみると「思ったのと違うな」と、もどかしさを感じるかもしれません。誰かに自分のパフォーマンスをみられることが恥ずかしくて、ひとりでやった方が楽でいいなと思うかもしれません。そんなときこそ、あなた達の発達が進んでいる証拠です。頭の中から飛びだしたから、否応なく、思いがけない現実が噛み付いてくるのです（Reality bites!）。ガブリときたのを感じたら、上手くいってる！と勇気をだしてください。

　人生という舞台は、目の前の実在の他者との即興の共同です。子供達にそれを将来教えるのです。今、あなた自身が自分の殻を破り、他者との即興の共同を練習し始めるのです。子供達との即興の共同に備えて、練習してほしいのです。それが、本書が目指す、教職パフォーマンスの練習なのです。

　ベテラン教員は、教室空間が即興の共同であることを知っています。頭の中から飛びだした世界は、自分ひとりではコントロールできないものであることを知っています。授業は教員の一方通行ではなく、子供達と一緒につくるもの

だ、ということを経験的に知っているのです。同時にそれが創造的で楽しくてワクワクするものであるということも知っているものです。そこまで辿り着くために、否応なくもどかしさを何度も体験したと思います。「100%上手くいった授業などない」と現場教員が口を揃えていうことからも良くわかります。だからこそ、やりがいもあるのです。本書は、そのもどかしさをできるだけ早く子供達と出会う前に安全に体験し、現場でより良い学びの場をつくれるようになることを目指すためのものです。

私は、この本を手にとって、教員になることを試みようとするあなた達に向けて書いています。まるでレシピ本や、ソングブック（歌集、楽譜）のように、この本を開いて、教員になることを料理するように、歌を歌うように、楽しんでほしいと思っています。レシピ本もソングブックもただ読むだけの本ではなく、身体と心を動かしながら、一緒に使う本です。

そのためには、恥ずかしさを脱ぎ捨て、自分の殻を破り、挑戦することが必要です。自分自身に挑戦するということは簡単ではありません。自分でいることは安心で安全で心地良く、その安全圏から飛びでることは勇気がいるからです。ですから、自分自身の枠組みを乗り越え、自分の輪郭線を広げること自体練習が必要なことです。この本は、あなたが自分自身に挑戦し、仲間と一緒に発達するためのパフォーマンスを練習するためのものなのです。筋トレと一緒で、ちょっとキツいなと感じたらちょうどいい負荷がかかっています。頭の中で読んで理解しているだけでは、思いがけない現実はガブっと噛み付いてきません。心がゾワゾワと動いたら、やったね！ それはあなたが自分の輪郭をはみでる成長の道のりを歩き始めている明確な証拠です。

■ 子供と一緒に育つためのパフォーマンスをしていこう！

現実的な話をしましょう。学校の教員になる過程には、制度として各地方自治体の教育委員会が行う教員採用試験があります。一次試験では、教職教養や専門科目の知識を問われる筆記試験が行われます。記憶を再現したり、マーク

をしたり、文章を書いたり、こんなことで教員としての資質があるかどうかわかるの？と思う人もいるかもしれません。教職パフォーマンスとか言ってきて、結局はこんな試験で測られるのかよ😫、と。もちろん、知っていることを書いて表現すること、事象を判断し、問題解決して文章化することというパフォーマンスも、教員として働く上での大切な要素です。

　ただし、ここまで繰り返した通り、頭の中で考えるという行為は、妄想でしかありません。教員は、頭の中から飛びだして子供達と現実世界で関わっていくのです。シナリオや脚本は最高のものを書けるのに、演技や演出がつまらなくて、誰の心も動かさないような映画や舞台になってしまったらもったいないです。教員はシナリオや脚本を書いて終わりではないのです。

　教員の仕事は、子供達の未来がより良くなるための、人生という舞台を、仲間と一緒にパフォーマンスしていく練習の場を演出していくことです。卒業して教員の手を離れた後も、子供達が周囲の人と共に、主体的により良い自分をパフォーマンスし続けられるように育てるのが、教育という仕事です。どんな脚本を書き、どんな演出をするのか、教育というパフォーマンスに含まれる教員のパフォーマンスはとても重要な役割を担っているのです。

　続く教員採用試験の二次試験は、現場のプロの視点からのパフォーマンス審査です。名前を呼ばれ、試験室に入る前の「はい！」という返事からすでに審査は始まっています。模擬授業を行ったり、場面指導・対応を行ったり、面接官とやりとりをしたりして、教員としての資質をパフォーマンス的に試されるのです。どんなに知識があっても、教員としてのパフォーマンスが不十分だと判断されれば試験をパスすることはできません。教員採用試験の試験官達は教員のパフォーマンスを心と身体と頭でわかっているので、受験生達から、子供達と一緒に育っていけるような可能性をみてとろうとします。

　では、子供達と一緒に育っていけるような教員の卵に求められるパフォーマンスとは、具体的にどんなものなのでしょうか。どうしたら子供と一緒に育っていけるようなパフォーマンスをできるようになるのでしょうか。これこそが、本書を通して気付き、練習していってほしいことなのです。

　本書の目的は、教員採用試験をパスすることだけではありません。教員になることを夢見るあなたは、採用試験を通過することをゴールとしているわけで

はなく、現実の教室で子供達と一緒に育っていきたい！と願っていることでしょう。その夢の具体を本書を読み進めながら、パフォーマンスしながら見付けていってほしいのです。将来、子供達との創造的で共同的な時間を過ごすために、まずは安全に挑戦できる場でこの本を使って、教員としてのパフォーマンスをチーム練習してください。どうしても計画通りにいかないときは、子供達と発達的な楽しい未来を生きるための練習が、今確かに、自分達の心と身体に効いてるぞ、と信じて。

未来の自分に「なる」ために

　本章の最後に、4点のお願いがあります。この本を読み進めながら、教員のパフォーマンスをしていく上で大切なことです。

　1点目は、「**子供ファーストであること**」です。どんなパフォーマンスも、学習者である子供達の発達のためにあるのだということを忘れないでください。パフォーマンスの途中でどうしたら良いのか迷ったら、何が子供にとって一番良いのかを判断基準にします。この基準に沿って仲間と相談してください。

　ただし、あなた自身の心と身体が健康であることが大前提であることも忘れないでください。「子供ファースト、自分ラスト」では、子供達を支えられません。警察官や消防士が最初に「まず、自分の命を守ること」を教わるのと同じことです。自分の心と身体が健康でなければ、子供達を守ることはできません。子供ファーストだからこそ、あなた自身がまず、自分を大切にしてください。その上で、パフォーマンスをし続けてほしいと思います。

　2点目は、「**本当に挑戦すること**」です。頭の中の自分ができても、頭の外の現実の世界では全く別です。本当というのは、頭の中でわかったつもりにならずに現実世界で取り組むということです。ただし、ここは安全な場です。安全な場になるように皆で配慮し応援し合います。実際の子供を相手に行うわけではないので、安心して取り組んでください。全て学校現場にでるための練習です。

　練習の時間は未来の教職のシミュレーションですが、同時にあなたという人生の今まさに本番でもあります。だから本当に挑戦してください。子供のごっこ遊びに不正解はないのと同じように、あなたの・あなた達のパフォーマンス

に不正解はありません。当事者達が楽しみ、その世界をつくりだし、継続させ合うことに意味があります。ためらわず、今いる自分の安全圏から飛びだし、とにかく挑戦してみましょう。計画をすると計画通りにいかないときにガッカリしてしまうので即興で取り組みましょう。人生も常に即興です。その練習でもあるのです。その即興から生まれたものを大切にして、次の挑戦を生みだしましょう。何事もエイヤ！と本気でやることで、未来のあなた達の姿がだんだんとみえてくるでしょう。

　3点目は、「**応援すること**」です。繰り返し書いてきましたが、この本はあなたが心と身体を動かし世界と関わるためのものです。その挑戦は、自分の殻を破っていくわけなので不安でいっぱいのはずです。最初から余裕でパフォーマンスできる人もいれば、そうでない人もいます。得意な人も苦手な人も、お互いに応援して支え合いましょう。あなた自身をも応援してあげてください。頑張るあなたは、最高に素敵です。

　仲間とお互いに最高の応援をし合えたら、安心してパフォーマンスをすることができるでしょう。あなたも、周りの皆も、最初は不安やドキドキでいっぱいです。でも、大丈夫です。皆同じようにドキドキしているのですから。応援すれば失敗にはなりません。前向きで発達的な現実を皆でつくりましょう。できるかできないかではありません。実際に身体を動かしてやることに、挑戦することに意味があるのです。その挑戦を皆で応援してください。

　4点目は、「**楽しむこと**」です。何よりも大切なのは楽しむことです。遊びは遊ぶこと自体が目的です。遊びのためには、安心の場を構成して、いろいろなことに挑戦できるようにします。それが遊びの楽しさを生みだしています。パフォーマンスも同様に、パフォーマンスを楽しむことを目的にしてください。何事も、楽しんでいる！というパフォーマンスが楽しめる場をつくります。無理に笑顔をつくれとは言いませんが、基準は子供ファーストですので、子供のために必要ならぜひとも笑顔をつくってみましょう。

　思い通りにならないことを楽しんでください。厳しい練習であっても、たとえそのとき必死の形相でも、自分の未来のためなら誰もがワクワクしながら楽しむものです。応援し合って楽しい場づくりができたら、それはチームワークの成果です。忘れずに自分達を「**さすが私達！**」と褒めてあげてください。

今皆でつくりだしている発達の楽しさが次の楽しさを生みだし、より良いパフォーマンスが未来に連鎖していくでしょう。あなたのパフォーマンスは必ず誰かを楽しくさせるでしょうし、あなたも誰かのパフォーマンスで楽しくなるはずです。仲間と存分に、未来に向けた発達を支え合うパフォーマンスを楽しんでください。さあ、心と身体でパフォーマンスをする準備はできましたか？

　ようこそ、パフォーマンスの世界へ。

つながる

本章ではまず、他者とつながるパフォーマンスを練習します。グループワークをする際に、いつか子供達と実践してみたいものを仲間と選択し、今のうちに学習者体験をしてください。

それぞれの活動を実践したらその都度ふりかえりもしましょう。あなたが感じたことや考えたことを仲間と共有し、自分達が活用できる遊びをつくりだすことにつなげてください。

共同の意志は人と関わる基本

皆さんが友達と遊ぶとき、なぜ、その遊びが成立するのかを考えたことはありますか。例えば、あなたが友達とジャンケンをしたいと思ったとき、相手もジャンケンをしようと思ってくれなければジャンケンはできません。一生懸命にあなたが「グー」をだしても、相手がスマホ画面に夢中になっていたら、その場は遊びになりませんよね。あなたも、相手も、その遊びを成立させたいという**共同の意志**があるからこそ、その遊びは成立するのではないでしょうか。

これって当たり前のようですが、私達の日常生活の中にはこうした他者との共同が数多くあり、その奇跡のような共同が溢れています。例えば、レジでお金を払って商品を受けとるという共同は、店員の「客に商品を渡そう」という意志と、客の「店員から商品を受けとろう」という共同の意志がなければ成立しません。こんな些細な共同が寄せ集まって私達の日常がつくられていると思うと、この当たり前に感謝したくなりますね。

悲しいかな、逆に、共同の意志がないことで共同が成立しないこともたくさんあるでしょう。例えば電車のドアが開いたとき、乗ろうとしている人が「降りる人が降りてから乗ろう」と思ってくれなければ、降りる人と乗る人の共同が成立せず、肩がぶつかったり、電車の中に押し戻されたりしてしまうでしょう。私達が街中で、社会に生きるひとりの人間として、多様な他者との共同を

成立させているのは、共同の意志があるからです。その共同の意志を誰もが失ってしまったら、社会は成立しません。

　だから、私達教員は子供達に、共同の意志を持ってもらえるような場づくりをし続ける必要があります。小さな頃から共同の練習を繰り返すことで、人は他者と関わることが上手くなっていくものです。すると学校は、共同の意志を育む大切な機能を担っていることになります。

　共同の意志は、他者との活動の全てに共通する重要な要素なのですが、残念ながら教室空間では、薄れてしまうことがあります。ただ座っているだけで時間が過ぎるからです。日常の習慣としての授業は、積極的な共同の意志を持たなくても成立してしまいます。「座って、静かにしていればいい」という消極的で形式的な共同が成立してしまうのです。だからこそ、要注意です。教員は意図して、子供達が他者と共同したくなるような場を日常的に設定することが必要です。

　どうしたら、そのような場をつくることができるでしょうか。そのヒントとして、教育実習生を挙げてみます。教員集団の新参者である教育実習生は、教え方も新人らしく、決して上手いとは言えません。しかしながら、教育実習生の授業が活気に溢れ、盛り上がることがあります。その教室を俯瞰してみてみると、教育実習生の授業を子供達が一生懸命に受けている事に気付きます。子供達が教育実習生を応援し、支え、授業という共同を一緒にやろう！と思ってくれていることで、その授業が成立しているのです。初心忘るるべからず、とは言いますが、後輩たちのこうした姿からも学び、教室空間に芽生える共同の意志を価値づけ、育てていきたいものです。

■ さすが私達！と思えるクラスへ

　本章ではつながるパフォーマンスの練習として、自己紹介やウォーミングアップの活動をします。それぞれの活動が成立するのは、先に述べたように共同の意志があるからです。それが成立したとき「さすが私達！」と自信を持ってください。あなたひとりがすごいのではない、あなた達皆でその活動を成立させた、共同の意志を皆が持っていた、皆がすごい！ということです。活動自

体が成立した、そのこと自体が尊ぶべき奇跡のような素晴らしいことだということに自信を持ってほしいのです。当たり前のことを、馬鹿にせず、しっかりできるということが重要です。日常はそういうことの積み重ねで成立しているからです。

そうした共同の感覚を、ぜひ未来のクラスの子供達にも体験させてほしいと思います。誰ひとり欠けても成立することのなかった教室空間の共同を、「さすが私達！」で満たしてほしいのです。クラスによって色々な「さすが私達」があるでしょう。「ただ座っていられるだけですごい！」「今日学校に皆きた！」「今日、皆が生きている！」「皆でこんな新しいことができた！」などなど。学校は、できないことにフォーカスを当ててしまいがちですが、今、皆でできていることにも光を当てて、価値づけをしていきましょう。皆で一緒に、さすが私達！と思えるクラスをつくっていくために。

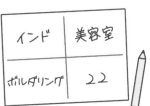

【Windows法】
[用意するもの] 1人 A4用紙1枚と太ペン
① 紙を横長に置き9マスつくります。
② 真ん中に呼ばれたい名前を描きます。
③ 残りの8マスに「あなた自身を表す単語」を40秒で書きます。
④ その紙をみせながら自己紹介をします。

【3つのホントと1つの嘘】
[用意するもの] 1人 A4用紙1枚と太ペン
① 紙を横長に置き4マスつくります。
② 4つのマスにあなたに関する3つの単語とウソの単語1つを書きます。
③ その紙をみせながら「どれが本当でどれが嘘でしょう？」とクイズをだしながら自己紹介をします。

第1章 つながる

【例え自己紹介（家電製品、動物、野菜、果物、つまみ）】
① 自己紹介のテーマを「自分を○○に例えると？とその理由」に設定します。理由は「ポジティブなもの」に限定します。
○私を家電製品に例えると、冷蔵庫です。食べることが大好きだからです。
×私を家電製品に例えると、冷蔵庫です。冷たい人間だからです。

【30秒他己紹介（4人組等、複数人で集まる際に有効）】
① 2人組をつくります。
② 互いに自己紹介を1分間します。
③ 30秒ずつ🎭他己紹介をします（下線部をテンプレートにすると良いでしょう）。
例：<u>私の友達のぐんちゃんを紹介します</u>。ぐんちゃんは横浜出身で、ブラジルに住んでいたことがあるそうです。好きな食べ物は炊き込みご飯、趣味はキャンプ・ドラム・ボルダリングだそうです。<u>ぐんちゃんの第一印象は</u>、ニコニコしていて笑顔が素敵だなと思いました。<u>ぐんちゃんをよろしくお願いします</u>。

【究極の2択（愛・お金／友情・愛情／子供・パートナー）】
① 自己紹介のテーマを「究極の2択のうち選ぶとしたら？とその理由」に設定します。理由は「ポジティブなもの」に限定します。

【制限自己紹介（キャッチフレーズ、10文字、五七五、頭文字など）】
① 自己紹介のテーマを「自分のキャッチフレーズは？」「10文字ぴったりで表現すると？」「五七五にすると？」「名前の頭文字（例：<u>ぐ</u>んぐん成長したい！<u>ん</u>ーと（うーんと）みんなと仲良くなりたい！<u>じ</u>ょうぶな身体のグンジです！）で表現すると？」＋「そうなった理由」に設定します。理由は「ポジティブなもの」に限定します。

【ポーズで自己紹介（ホルツマン，2012）】

① 円になります。

② 自己紹介をする人は円の中心に立ち、自己紹介をしながら、1つの動きをします。
③ 全員で名前を復唱しながら、動きも真似します。
④ 自己紹介が終わったら円に戻ります。次の人が円の中心に立ち、自己紹介と新しい動きをします。
⑤ 皆で同じように復唱と動きの真似をします。
⑥ 全員が終わるまで繰り返します。

【名前手裏剣（インプロゲームエクササイズアーカイブス58より）】

① 2つの円になります。それぞれの円で②〜⑤を繰り返します。
② 最初の人は、自分の名前を言いながらみえない手裏剣を飛ばすポーズをします。すぐに誰かの名前を言いながら、その相手に手裏剣を飛ばします。

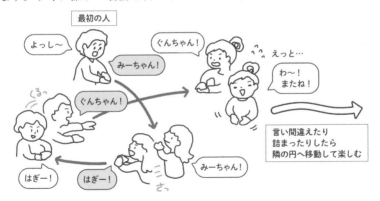

③ 名前を呼ばれた人は、すぐに自分の名前を言いながらみえない手裏剣を受けとります。
④ みえない手裏剣を受けとった人は、すぐに②から繰り返します。
⑤ 名前を言い間違えたり、詰まったりしたら、もう1つの円に移動します。隣の円に移動するのを楽しみましょう。

第1章 つながる　23

【名前鬼（インプロゲームエクササイズアーカイブス 61 より）】
① 歩いて鬼ごっこをします。
② 鬼は、タッチしようとする相手がわかるように片手を伸ばします。
③ 狙われた人はタッチされる前に、誰かの名前を大きな声で宣言します。
④ 名前を呼ばれた人は「はい！」と手を挙げて、次の鬼になります。
⑤ 狙われた人が、誰かの名前を宣言する前に鬼にタッチされてしまったら、タッチされた人が次の鬼になります。

【pass the face（ロブマンら．2007 より）】
① 円になります。
② 最初の人が隣の人に変顔をします。
③ 変顔をされた人は、その変顔と全く同じ顔をします。
④ その変顔を少し違う変顔に変えながら、次の人に新しい変顔を回します。
⑤ 次の人は、③と④を繰り返します。皆で変化を楽しみます。

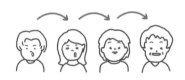

【サンキュー（インプロゲームエクササイズアーカイブス 14 より）】
① 最初の人が自由なポーズをとります。
② 次の人は、①の人のポーズに合いそうな新しいポーズをします。
③ ①の人は「サンキュー！」と言って、その場から抜けます。
④ 新しい次の人が、②の人のポーズに合いそうな新しいポーズをします。
⑤ ②の人は「サンキュー！」と言って、同じようにその場から抜け、次の人が入って、②と③を繰り返します。

【サンキューカード】

［用意するもの］1人1枚のカードと筆記用具 ✐

① グループのメンバーに一言メッセージを書きます。

② 相手の良いところ、感謝の気持ちなどポジティブなことを書いた後、自分のサインをします。（p.188のワールドカフェなど、グループ間を移動するワークの際にもサンキューカードを持って活動するとメッセージが沢山増えて嬉しい気持ちになります）。

ふりかえり
4つの木！ ──────────────────────── 未来のあなたへのメッセージ 🌳🌳🌳🌳

各章でのパフォーマンスを終えた後、4つの木🌳🌳🌳🌳をまとめます。

🌳 気に入ったこと：あなたの好き♡を記録しておきます。
🌳 気になること：あなたの「もっと考えたい！」を記録しておきます。
🌳 気付いたこと：あなたの「発見！」を記録しておきます。
🌳 キープしておきたいこと：あなたの「？」を記録しておきます。

第1章 つながる

2 演じる

performing

> 本章では、パフォーマンスの基礎として、自分ではない誰かになるための殻を破る練習をします。「教員は役者」といわれるように、子供達の前で多様な役を演じます。例えば威厳のある教員の役を演じるときは、堂々とした立ち方や口調で話をするでしょう。教員は、その場をどんな雰囲気にしたいのかに合わせて自分のパフォーマンスを調整し、それぞれの場面に合致した役を演じます。ベテラン教員は、自動的に無意識に多様な役を演じ分けるでしょう。本章ではまず、自分ではない誰かを演じることそのものに挑戦します。勇気をだして演じる自分を受け止めましょう。勇気をだして演じる仲間を励ましましょう。

[1]「演じる」際のポイント

　演じる際のポイントは**先生スイッチ**です。あなたが朝、教室に入って子供達に向かって「おはようございます！」と挨拶をするとき、あなたは普段のあなたのままでいるわけではありません。きっと先生スイッチを入れて、「元気よく通る声で、子供達の顔をみながら、笑顔で」挨拶をしているでしょう。こうした些細なパフォーマンスが、教員になることを支えています。

　本章では、基礎編で学校教育の基礎である教育基本法について学びながら、セリフを表現します。先生スイッチを即興で入れて、人前でのパフォーマンスを楽しんでください。応用編ではショート劇を用意しました。あなたが育てたい子供達の姿を具体的にイメージして、それを演じていきます。どちらも楽しむことを忘れずに。さあ、さっそく、パフォーマンス！

[2] ウォーミングアップ：自己紹介

① 鏡の前に立ちます　or　スマートフォンで自分の動画を撮影します。
② 鏡をみながら（録画しながら）下記のセリフを5秒以上かけて言います。聞き取りやすく、ゆっくり話すことを心がけてください。

> 自己紹介をしよう！
> 「みなさん、こんにちは。私の名前は〇〇（あなたの名前）です」

Column 1：あなたの先生はあなた自身

　各章で身に付けたいパフォーマンスを練習する際、鏡の前に立ったり、自分のパフォーマンスを録画したりして、あなた自身で自分のパフォーマンスを確認することをお勧めします。

　自分のパフォーマンスをみて、あなたがどんな自分になりたいのかをイメージしてください。あなたの一番の先生はあなた自身です。メディアに登場する芸能人達がデビューしてからどんどん綺麗になって、彼らのパフォーマンスが洗練されていくのは（もちろん周りの支えもあるでしょうが）、芸能人自身が自分の姿をみて「より良くなろう」と変わり続けているからです。人は、変わりたいと思わなければ、変わりません。あなたがまず、変わりたいと思うこと。どう変わっていくのかはあなたがあなた自身をみながら方向づけていけたら良いですね。言い換えれば、子供達の一番の先生も、実は子供達自身なのかもしれません。

---

[3] 基礎編：教育基本法の前文をパフォーマンスしよう！

　教育基本法とは、日本で行われる教育の原則について定めた法律です。これまで先人が築き上げてきた日本をこれからも発展させていきたい、世界が平和で皆が幸せでいられるように、という願いが込められています。そうした理想の実現のために、どんな人間を育てていきたいのか、どんな教育をしていきたいのか、という具体的なことが書かれているものです。

　法律で定めるということは、この国のルールであることを意味します。学校教育は自然発生的に行われているわけではなく、国を挙げて皆で協力して教育していこうよ、という仕組みに基づいて行われているのです（本章で学ぶ教育基本法は下記の日本国憲法に定められた「法律」です。日本国憲法は日本という国の基本的な原理原則が書かれたものです）。

> **日本国憲法 第二六条**（一部抜粋。下線は筆者による）
> ・すべて国民は、法律の定めるところにより、その能力に応じて、ひとしく教育を受ける権利を有する。
> ・すべて国民は、法律の定めるところにより、その保護する子女に普通教育を受けさせる義務を負ふ。義務教育は、これを無償とする。

教育基本法は、令和6年現在、前文を含めると6部構成（図2-1参照）になっています。ここでは、その法律の前文に触れながら、一緒にパフォーマンスをしていきます。

前文は、教育基本法を理解する上で基本となる考え方です。なぜ、この法律があるのか、そうした前提を記したものですね。ここからは、その前文を一緒に読みながら、自分ではない誰かを演じる練習をします。

図2-1　教育基本法の構成

まずは事前にふりがなを確認してください。読めない漢字があればチェックし、意味を確認しましょう。

> **教育基本法　前文**
> 　我々日本国民は、たゆまぬ努力によって築いてきた民主的で文化的な国家を更に発展させるとともに、世界の平和と人類の福祉の向上に貢献することを願うものである。
> 　我々は、この理想を実現するため、個人の尊厳を重んじ、真理と正義を希求し、公共の精神を尊び、豊かな人間性と創造性を備えた人間の育成を期するとともに、伝統を継承し、新しい文化の創造を目指す教育を推進する。
> 　ここに、我々は、日本国憲法の精神にのっとり、我が国の未来を切り拓く教育の基本を確立し、その振興を図るため、この法律を制定する。

読めない、意味のわからない単語の確認は終わりましたか。それでは次の3種類の方法で、前文を読みます。あなたのパフォーマンスを録画して、何度も振り返ってください。本章は演じることがテーマです。ただ人前でパフォーマ

ンスをするのではなく、誰かになりきることを意識してください。
　（1）1回目
　まず、普通に、ありのままのあなたで、声にだして読みましょう。
　（2）2回目
　先生スイッチを入れてください。子供達に読み聞かせをするように読みます。原稿はみて構いませんが、先読みしながら声をだす瞬間は必ず顔を上げてください。仲間がいれば相手の顔をみて、ひとりで練習をしている場合には、鏡に向かって自分と目が合っているときにだけ声をだして前文を読んでください。
　（3）3回目［もう一回読んで］でパフォーマンスしよう！
　もっともっと先生スイッチを入れます。下の10通りの読み方から選んで読みます。普段の自分ではない誰かになることを練習しましょう。本章はパフォーマンスの中でも特に、演じることそのものに焦点を置いています。誰かになりきる練習です！　色々な読み方で何度も読んでください。仲間がそばにいたら、番号を選んでもらいましょう。

① 悲しそうに　　　　② 大喜びで興奮して　　③ 偉そうに
④ 赤ちゃんのように　⑤ ラップ調で　　　　　⑥ アナウンサーのように
⑦ ささやいて　　　　⑧ 嬉しさを隠しながら
⑨ ミュージカルのように　⑩ アニメのキャラクターで

（参考：もう一回読んで（ロブマンら, 2007）より）

［4］応用編：「人格の完成」をパフォーマンスしよう！

　基礎編はいかがでしたか。先生スイッチを入れられたでしょうか。何度でも言いますが、上手にできたかどうかは重要ではありません。あなたが一生懸命に挑戦をし、周りと支え合えたのであれば、それだけで大成功です。あなたは確実に教員になる未来に向けて、もう、変わり始めています。
　では応用編に参りましょう。ここでは教育基本法を読み進めていきながら、教育の目的とその目標をテーマに、どんな子供達を育てていくことが求められているのか、その具体的な子供達の姿を演じます。学校教育で目指す子供達の

姿とは一体何でしょうか？勉強ができること？挨拶ができること？お金を稼げること？人と上手に関わることができること？自分を大切にできること？さぁ、その具体的な姿になりきって周りとパフォーマンスしてみましょう。

　あなたが教員として出会う子供達の未来の姿を、今、あなた自身がパフォーマンスすることで、学校教育が目指す「人格の完成」とは何かに気付きます。あなたも学校教育を受けてきた児童生徒としての時代があったはずです。あなたは、学校教育が目指す目標を達成しているでしょうか？実はあなた自身も、今もなお、子供達と一緒に育っていく存在であることに気付くでしょう。

　あなたが出会う未来の子供達の姿を演じることは、人前で誰かになりきることは、恥ずかしいかもしれません。でも大丈夫です。得意な人も、苦手な人も皆で支え合い、即興で共同することこそ、教員になるパフォーマンスを洗練させていくことになります。さぁ、お互いを応援して！「頑張ろうぜ！」「えいえいおー！」

　では、さっそく、教育基本法を読み進めていきましょう。下記の枠の中に書いてある文章が、教育基本法の第一条「教育の目的」です。

（教育の目的）

第一条
　教育は、人格の完成を目指し、平和で民主的な国家及び社会の形成者として必要な資質を備えた心身ともに健康な国民の育成を期して行われなければならない。

　あなたはなぜ、教員になりたいと考えているのでしょうか。あるいはなぜ、教員になったのですか。自分の好きな教科を教えたい、自分が児童生徒だった頃の担任に憧れた、部活指導がしたい、など、様々な理由があると思います。それぞれの教員が、それぞれの思いを持って子供達を育てていくことは素晴らしいことです（私自身も「性教育ができる教員を育てたい」という思いで教員養成の世界に飛び込みました）。

　ただ、子供達を教育する上で、全ての教員が共通して理解しておかなければならない教育の前提があります。それが、前述した教育基本法の「教育の目的」です。なぜ、学校で教育をするのか。学校教育の目的は、**人格の完成を目指すこと**です。つまり、あなたが教員になる個人的な理由に加えて、教員は、

教員の使命として、子供達の人格の完成を目指すことが求められているのです。

　ここで、皆さんと考えたいのは「人格の完成」という言葉です。教育における究極の目的は人格の完成にありますが、一体、「人格の完成」とは何でしょうか。あなたの周りに、人格が完成した人はいるでしょうか。あなた自身は、人格が完成していますか。

　結論から言えばおそらく、人格は完成しないものです。もちろん、完璧な人間などはいないでしょう。だからといって、人格の完成を目指さなくて良いかというとそうではありません。私達は、自分の人格をより良く変化させていくことが可能です。今日この瞬間から、より良い人格を目指したパフォーマンスをすることができるはずです。教育とは、子供達により良い人格とは何かを理解させ、それがパフォーマンスできるように、主体的・自発的にその人格を目指せるようになる子供達を育てることなのだと思います。

　では、ここで質問です。人格の完成のために、あなたが今日からできることを、仲間と一緒にできることを、チームで考えてください。

私達が考える「人格の完成」のためにできることは……

　　　∴……∵　**Column 2 :「人格」と「気質」「性格」の違いって何？**　∵……
　　人格（personality）とは個人の行動や適応のあり方の総称で後天的に変えられるもの。気質（temperament）は生まれ持った性質のことで、性格（character）は気質による行動の個人差が強調されたもので先天的で変えづらいもの（高橋；杉浦；渡邊，2021 より）。
　　　∵……∴

　人格を完成させていくことを考えるヒントとして、第二条の「教育の目標」を読み進めていきましょう。教育基本法には17つの達成すべき目標が掲げられており、「こんな子供達を育てていこうね！」ということがきちんと明記されています。

　もしあなたが、学校は勉強だけして、知識を身に付けるところだと考えてい

第2章　演じる

るのだとしたら、「知識を身に付けることって、学校教育が目指していることの、ほんの一部でしかないんだよ」ということを知っておいてください。あるいはもし、あなたが既に教壇に立ち「決められた期日内に教科書を進めなくちゃ！」と日々の校務に追われているのだとしたら、このことを振り返り、一息ついて、初心を思いだしてもらえたら嬉しいです。

　下記の教育の目標を読んでください。17つの目標を見付けられますか。応用編ではそれぞれの目標の具体をパフォーマンスします。

（教育の目標）

第二条
　教育は、その目的を実現するため、学問の自由を尊重しつつ、次に掲げる目標を達成するよう行われるものとする。
一　①幅広い知識と教養を身に付け、②真理を求める態度を養い、③豊かな情操と道徳心を培うとともに、④健やかな身体を養うこと。
二　⑤個人の価値を尊重して、⑥その能力を伸ばし、創造性を培い、⑦自主及び自律の精神を養うとともに、⑧職業及び生活との関連を重視し、勤労を重んずる態度を養うこと。
三　⑨正義と責任、⑩男女の平等、⑪自他の敬愛と協力を重んずるとともに、⑫公共の精神に基づき、主体的に社会の形成に参画し、その発展に寄与する態度を養うこと。
四　⑬生命を尊び、⑭自然を大切にし、環境の保全に寄与する態度を養うこと。
五　⑮伝統と文化を尊重し、⑯それらをはぐくんできた我が国と郷土を愛するとともに、⑰他国を尊重し、国際社会の平和と発展に寄与する態度を養うこと。

※下線とかっこ付き数字は筆者による

　私達は抽象の世界に生きているのではなく、具体的な実践の中に生きています。教員は、その具体的な実践を生きる子供達自身のパフォーマンスを洗練させ、人格を完成させていくことが仕事です。例えば、あいさつは大事だということを教え、頭の中でそのことを一時的に理解させたとしても、子供達自身が身近な人に「おはようございます」と言えなければ教育の効果を問われることになります。あいさつが大事だ、ということを知識として知っているだけでは何の役にも立たないことは、火をみるより明らかです。教育は、子供達が現実

世界で身体を動かして、パフォーマンスできることを目指しているはずなのです。

では、もっと具体的に、どんな子供達を育てていけば良いのでしょうか。その実際を考え、パフォーマンスしましょう。それぞれの具体をイメージし、それをあなた自身がパフォーマンスする（＝なってみる）ことで、あなたがどんな子供達を育てていきたいと思っているのかを考える機会にもしてほしいです。さあ、いよいよ応用編のパフォーマンス、スタート！

［手順］
(1) 3～5人組をつくります。
(2) 下記の17のテーマから1つを選び、未来の子供達になりきって30秒間のショート劇を作成します（p.34の例を参考に）。
(3) 次のどちらかで発表しよう！
    (A) 仲間の前で即興で演じる。ステージを作って仲間と楽しもう！
    (B) 30秒間のショートムービーを作成する。映画鑑賞会をしよう！

［テーマ］

① 幅広い知識や教養があること	② 真理を求める態度があること
③ 豊かな情操と道徳心があること	④ 健やかな身体であること
⑤ 個人の価値を尊重できること	⑥ 創造性があること
⑦ 自主及び自律の精神があること	⑧ 働くことを大事にすること
⑨ 正義と責任感があること	⑩ 男女の平等を重んじていること
⑪ 自分と他者を大事にし協力できること	⑫ 主体的に社会に参画し貢献できること
⑬ 命を大切にできること	⑭ 自然を大切にし環境保全に寄与する態度があること
⑮ 伝統文化を尊重できること	⑯ 日本を愛すること
⑰ 他国を尊重し世界の平和と発展に寄与する態度があること	

一日に一万歩以上歩いて、

［実施のヒント］
(1) そんな人間いないかも!? でも大丈夫。映画の世界はノンフィクション！ 登場人物になりきろう！ 悪役だって物語のスパイス！
(2) みんなと違うテーマを選ぼう！ 人間のバリエーションを楽しもう！ 仲間が演じたシナリオをメモしておこう！

［例：①幅広い知識や教養があること］恋人とのデートのワンシーン

A：（マグカップでコーヒーを飲み終えて）そういえばさ、性感染症は粘膜を経由して感染するからオーラルセックスでも感染するって知ってた？

B：え、そうだったんだ！知らなかった！気をつけなきゃ……。ところで、PMS（月経前症候群）って女性の8割から9割くらいが経験しているのに、大半は自分がPMSであることに自覚がないんだって！

A：へぇ！人間関係のトラブルがあった時、生理のせいにされるとイラッとするんだけど、もしかしたら私もPMSなのかも……。気をつけなきゃ。

B：学んだことをすぐ自分ごとにできるなんて、さすがだね！俺もオーラルセックスの時はコンドームつけるようにしようっと！

［シナリオ作成のヒント］
(1) Who　登場人物は誰？お互いにどんな関係？ナレーターは？
(2) Where　どこでのシーン？周りに何がある？小道具は？
(3) What/How　どんなセリフ？どんな動き？
(4) 人格が十分完成されていない→人格の完成を目指している子供達の姿。学校で学んだことが生きていたら最高！

ショート劇タイトル：

登場人物：

ストーリーライン：

∴⋰∵⋱∴ **Column 3：オーディエンス・パフォーマンスこそ大事！** ∴⋰∵⋱∴

オーディエンス・パフォーマンス（ロブマンら, 2007）とは、日本語で「観客の演技」という意味で、観客も舞台の一部である、という考え方に基づく言葉です。

例えば、ライブ会場で観客が静まり返っているよりも、笑顔で拍手をしてノッてくれた方が、パフォーマーのパフォーマンスがより良くなりますよね。

教員は、自分が主役になるのではなく、子供達を輝かせることが仕事です。つまり、この「オーディエンス・パフォーマンス」で子供達を支えることが重要になります。こうしたパフォーマンスが反射的にできるように日頃から練習してみてください。

例えば、仲間がパフォーマンスをしたら「**笑顔、相槌、拍手、身体を向ける**」など、「聞いているよ」「みているよ」ということが伝わるオーディエンス・パフォーマンスをしてください。みんなが安心して学べる雰囲気がグッとつくられるでしょう。

[5] 学びのふりかえり

＊もう一回読んでをやってみて
- なりきる勇気はだせましたか？
- 仲間を応援（オーディエンス・パフォーマンス）できましたか？

＊人格の完成をパフォーマンスしてみて
- より良く生きるコツは何でしたか？
- より良く生きる子供達をどう育てたいですか？
- パフォーマンスは楽しかったですか？

ふりかえり 4つの木！ ────────────────── 未来のあなたへのメッセージ 🌳🌳🌳🌳
①気に入ったこと、②気になること、③気付いたこと、④キープしておきたいことを書き留めておこう！

3 共同する

collaborating

> 　私達が生きる日常は、**即興の共同**です。他者と関わるとき、決められた台本に従ってパフォーマンスをするわけではありません。その場で誰が何を言うのか、どんなことをするのか、わからないままに即興的にやりとりをしていくものです。ただ、考えてみてください。これまでに、その即興でのやりとりという共同を、意識的に練習したことはあるでしょうか。
> 　本章では、共同をテーマにパフォーマンスします。第2章で演じる勇気を出せたあなたなら、この章でもきっと、周りの皆と共同する未来のあなたになれるはずです。仲間と演じたことで気付いたと思いますが、演じるためには他者と（子供達と！）共同することが必要です。

　第2章では、パフォーマンスをする人も、それを観る人も、お互いのことを思いやりながら、その場がより良い空間になるように、支え合うための共同をしていたはずです。それも、即興で。

　ただし、子供達は、仲間と演じるパフォーマンスを練習したときとは異なり、必ずしもその場をより良い空間にしようと努めてくれるわけではありません。特に授業は、教員がある程度「こうしよう」と意図したり、「きっとこうなるはずだ」と期待したりして行われるものですが、教員の思い通りにいかないことがほとんどです。大人を相手にした模擬授業では上手くいくのに、実際の子供達を目の前にすると全然違うという理由は、ここにあります。学校という舞台は台本がなく、即興で皆がパフォーマンスする場であるにもかかわらず、必ずしも皆に共同しようという意志があるとは限らない空間なのです。だからこそ教員が、即興で変化し続ける教室空間を、より良い共同の場になるように支えなければならないのです。

　本章では、子供達と一緒に育つ教員になるためのパフォーマンスとして、特に共同することを意識します。共同の面白さを体験し、共同を支えるコツを掴みながら、他者と上手く共同できる未来のあなたに、子供達と即興で共同できるあなたに、一歩、踏みだしてみましょう。

[1]「共同する」際のポイント

　他者と共同する際のポイントは、**イエス・アンド**（うんうん、それでね）（ロブマンら, 2007）です。うんうん、は相手を受け入れるということ、それでね、は相手の話にさらにアイディアを足していくことです。共同は相手の存在そのもの、やること、話すこと、考えやアイディアなどを、まずは受け入れることから始まります。何でもかんでもその場ですぐに「いや、でもさ」と否定されたらそれだけで悲しい気持ちになりますし、相手と共同したくなくなりますよね。本書の冒頭でもお願いした通り、相手を応援する気持ちが共同では大切です。

　教室という空間は多様な人間がいる場なので、何が起きるかわかりません。子供達は、教員が予想もしなかったようなアイディアをだしてきたり、逆に予想以上に反応がなかったりと、多様な状況を共にうみだします。それが、教員という仕事の面白さでもあるでしょう。どんな子供達の反応にも、教員が「うんうん、それで」と即興で対応できれば、子供達を否定することなく、そこから豊かな学びの場が広がります。そんな場をつくれるようになるためには、即興で他者と共同する練習が必要です。

うんうん、それでね

　本章では、基礎編・応用編ともに、教員のルール（服務に関する事項）を学びながら、共同の練習をします。共同は頭の中ではできません。実際に他者と関わり、つながり、パフォーマンスを通して練習していくものです。この共同する練習では、インプロの手法を用います。

　インプロとは、インプロヴィゼーション（即興）の略で、近年、教育分野にも浸透し始めている演劇手法の一種です。台本なく即興で役者同士がやりとりするという特徴があり、イエス・アンドという考え方は、このインプロから来ています（詳細は『パフォーマンス心理学入門』2019、新曜社を参照のこと！）。第2章で先生スイッチを入れる練習で扱った「もう一回読んで」やウォーミングアップの**カウントアップ**、もインプロのひとつです。本章では、**リードアップ、3つ頭の専門家**で遊びながら、教員のルールを学び、共同する練習をしましょ

一緒に合唱やろうよ！
え〜 うーんまぁ、いいよ。
（これは、イエス・アンド？）

第3章　共同する　　*37*

う。さあ、一緒に、パフォーマンス！

[2] ウォーミングアップ：カウントアップ
　　（ロブマンら，2007より）

① 1から10までの数字を皆で数えます。
② ただし、1つの数字を言えるのは1人だけです。
③ 誰かと同時に数字を言ってしまったら、1からやり直しです。

［ポイント］

☺自分だけが言い逃げしない、皆で協力して10まで数えます。全員で目をつぶってやる、いけるところまで数える、挑戦回数を決める（3回など）、タイムトライアル、3秒以上間をあけずに次の数字を言う、などアレンジしても良し！

[3] 基礎編：服務に関する事項をリードアップしよう！

　教員は聖職といわれることがあります。一般企業に勤める会社員とは異なる社会的立場にいて、同じ罪を犯しても教員という肩書きであるがゆえに、ニュースで大々的に報じられ、ネット上でバッシングを受けることもあります。「同じ人間なんだし、教員だけ特別視するな！」と主張することは許されないのでしょうか。それとも、許されるべきなのでしょうか。仮に許されないのだとしたら、それはなぜでしょうか。

　本章では、教員が遵守すべきルールを知り、まずは、どんな立場にあるのかを頭で理解します。ただ、頭で理解するだけでは、それが実際のパフォーマンスに反映されるとは限りません。赤信号は渡ってはいけないという交通ルール

があるにもかかわらず、「誰もみていないから」「車も来ていないから安全だし」と横断歩道を渡ってしまうのは、ルールを守る自分をパフォーマンスできなかったという状態であることは理解できるでしょう（ルールを守れない自分のパフォーマンスについては「コラム4　正常性バイアスの落とし穴に気をつけよう！」を参照のこと）。

　人が生きる文脈は多様で、頭でわかっていることをそのとき、その瞬間に身体を動かしてパフォーマンスしない理由は、多岐にわたるでしょう。ただし、特に大多数の人が守っているような当たり前のルールを破ってしまうという行為については、私は、孤独が影響していると考えています。孤独とは、ひとりぼっちで他者とのつながりがない状態です。人は孤独なとき犯罪に走りやすいといわれています。逆に人々がルールを破らないでいられるのは、社会の中で自分ひとりが生きているわけではないと認識していることと、他者とつながり関わり合い、ルールを破らないようにあなたを守ってくれる他者の存在があること、が関係しているでしょう。

　非行少年が非行に走るのは孤独が大きな原因だといわれているのを知っていますか。彼らは、学校や家庭に居場所がなく、自分の居場所はどこだろう？他者とつながることのできる場所はどこだろう？と自らの居場所を求めた結果、インターネットや街中で、学校や家庭では出会わないような他者とつながるようになります。そうしたつながりが元で起こる逸脱行為が、いわゆる非行行為として認識されるのです。

　非行は、個人が孤独な存在として社会から切り離され、他者とつながっていないことで問題として可視化されるものです。無人島でたったひとりで生きているとしたら、非行は誰にも認識されることはないでしょう。誰かが「誰か」として誰にも認識されない、他者とつながっていないという孤独な状態は、ルールという一線を乗り越えてしまう可能性を生みだします。

　教員も同様に、教員という共同体から離れ、孤独な状態であると、教員のルールを破りやすくなってしまうでしょう。例えば、修学旅行費や部活費用を横領するような事態は、管理職や他教員との連絡報告相談がしっかりできる共同関係があれば起きません。もちろん先に述べた通り、頭でわかっていることをパフォーマンスできない要因は様々だと思いますが、他者とつながり、関わ

り合っていれば防げることがほとんどです。

　そこで本章では、教員のルールを他者とつながり関わる共同の練習をしながら学んでいきたいと思います。第０章でも説明しましたが、教員が子供達を支えていくためには、自分を守ることも大切です。子供ファーストであるということは自分ラストではない、自分もファーストであるということを強調しましたね。教員のルールを知っておくことは、自分を守るということでもあります。教員のルールを知らなかったせいで誰かを傷つけたり、あなた自身が傷ついてしまったりしてはもったいないことです。どんなルールがあるのかということを知っておくことで、より良い教員のパフォーマンスができるようになってほしいと思います。

　では早速！リードアップのルールを確認してください。先ほどウォーミングアップで実施した**カウントアップ**の文章を読むバージョンです。リードアップは、前の人の発言をすぐに拾ってイエス・アンドし、次の発言を繋げていく共同の練習です。共同のためには、他者の言葉をしっかりと聞く必要があることを体験的に学びます。ルールを仲間と確認できたら、次の教育基本法第９条「教員」の文章で仲間とリードアップしましょう！

Let's try!　基礎編：教育基本法＆地方公務員法でリードアップしよう！
リードアップ　（有元，2018より）

①　１人１文節ずつランダムに声をだして、まるで１人の人間が読んでいるかのように、文章を読みます。

（文節：意味の通る範囲で分割した最小の単位。○○ね、で切れるところ。）

②　同じ人が連続して読むことはできません。
③　前の人に続けてすぐに読めるようによく聞きましょう。
④　誰かと声が被ってしまったら（下記どちらかのルールで）。

> 易：声を出した人全員で一緒に読みます。
> 難：必ず1人で読むように互いに調整します。
>
> ☺[ポイント]
> 事前に文節を確認する、最初は少人数グループで練習する、座席順に順番にリードアップする、暗記した文章で実施する、など難易度を調整してもOK。

教育基本法　第二章
（教員）
第九条　法律に定める学校の教員は、自己の崇高な使命を深く自覚し、絶えず研究と修養に励み、その職責の遂行に努めなければならない。
2　前項の教員については、その使命と職責の重要性にかんがみ、その身分は尊重され、待遇の適正が期せられるとともに、養成と研修の充実が図られなければならない。

　もっともっと、リードアップしましょう！　次は、地方公務員法です。地方公務員法とは、各地方自治体の教育委員会の試験を受けて採用された教員になる場合に遵守するものです。私立学校の教員になった場合には、各学校で定められた服務規程（その仕事に従事するものが守るべき義務ないしは規律のこと）があります。

地方公務員法　第三十条（服務の根本基準）
　すべて職員は、全体の奉仕者として公共の利益のために勤務し、且つ、職務の遂行に当つては、全力を挙げてこれに専念しなければならない。

地方公務員法　第三十三条（信用失墜行為の禁止）
　職員は、その職の信用を傷つけ、又は職員の職全体の不名誉となるような行為をしてはならない。

地方公務員法　第三十四条　第一項（秘密を守る義務）
　職員は、職務上知り得た秘密を漏らしてはならない。その職を退いた後も、また、同様とする。

地方公務員法　第三十六条　第一項（政治的行為の制限）
　職員は、政党その他の政治的団体の結成に関与し、若しくはこれらの団体の役

員となつてはならず、又はこれらの団体の構成員となるように、若しくはならないように勧誘運動をしてはならない。

リードアップ、楽しめましたか？ リードアップをして楽しんだ後は、p.47の学びのふりかえりをしてください。

［4］応用編：服務規程をパフォーマンスしよう！

　教員には、勤務時間内に遵守を要する① **職務上の義務**（就業時間内は仕事をきちんとやらなければいけませんよ、といったことなど）と、勤務時間外も遵守を要する② **身分上の義務**（教員の信用を失うことはしないでくださいね、教員を辞めた後も仕事で知り得た個人情報などは秘密ですよ、教員は政治的に中立な立場ですよ、といったことなど）があります（表3-1 参照）。教員としてこれらの義務をきちんと果たすことで、より良い教育の場が担保されます。表3-1 に示した地方公務員法の条文は、先ほどリードアップでいくつか読みましたね。公務員としての教員は、一部の人の利益のためではなく、公の、全体の奉仕者としてその責務を担うのだという前提があることがよくわかります。

　さて、応用編では、こうした服務の内容にはどんなものがあるのかを学びながら教員の身分について考え、共同をパフォーマンスしていきましょう。基礎編でも説明した通り、人がルールを逸脱するのは孤独なときです。他者との関

表3-1　教員が遵守すべき地方公務員法の主な内容と義務区分

地方公務員法	主な内容	義務の区分	
		職務上	身分上
第31条	服務の宣誓	○	
第32条	法令等及び上司の職務上の命令に従う義務	○	
第33条	信用失墜行為の禁止		○
第34条	秘密を守る義務		○
第35条	職務に専念する義務	○	
第36条	政治的行為の制限		○
第37条	争議行為等の禁止		○
第38条	営利企業への従事等の制限		○

わりがない状態が一線を超えさせてしまうのだとすれば、常に他者と関わり続ける練習をすることが、服務規程違反を防ぐ一歩につながります。

教員には、公務員として守らなければならない義務があり、仮にそれらを遵守しなければ懲戒処分を受けます。義務とはネガティブな響きのように思えますが、その義務を果たすことで、私達の社会が安全で安心に保たれるという大きなメリットにつながるものです。つまり、教員がこうした義務を果たすことは、子供達の安全で安心な学習環境を保つことにつながるわけです。

応用編では、**3つ頭の専門家**（ロブマンら,2007）で遊びながら、共同の練習をし、教員のルールにはどんなものがあってそれを破ってしまうとどんな処分があるのかを考えてみます。具体的には皆さんに**非違行為**（やってはいけないこと）と**懲戒処分**、それから**分限処分**（詳細は後述）に関する専門家になっていただきます。ただし専門家とはいっても、共同の練習でもありますので、ひとりで、ではなく3人でプロになってもらいますよ。さぁ、どんどんパフォーマンス！

［手順］
(1) 3人組になり、ルールを確認します。
(2) 下調べを5分間行います。予想問題集の問いに答える練習をします。
(3) 3人組を3ペア集めて、パフォーマンスをします（詳細はp.46）。
(4) 終わった後はp.47の学びのふりかえりをします。

3つ頭の専門家 （ロブマンら，2007より）

① 3人で1人の人間（3つ頭の専門家）になって新しい名前を決めます。

② 3人でピッタリ横並びでみんなの前にたちます。

③ オーディエンス（観客）の中から司会者を1人決めます。司会者は、インタビュアーとして、オーディエンスから挙げられる質問を3つ頭の専門家に尋ねます。

④ 3つ頭の専門家は1人1文節ずつつなげて、1人の人間が話しているように、質問された内容に回答します。

⑤ 専門家のように堂々と振る舞います。回答の正確性は問いません。専門家らしく振る舞うことが重要です。

Let's try!

第3章　共同する

司会者:今日は、教員の非違行為と懲戒処分に詳しい専門家「〇〇さん」に来ていただきました! みなさん、拍手でお迎えしましょう! 〇〇さん、こんにちは!

1人目:こんにちは。　2人目:ええと　　3人目:本日は
1人目:お招き　　　　2人目:いただき　3人目:本当に
1人目:ありがとう　　2人目:ございます。

[下調べ]

下記表3-2の「非違行為と懲戒処分」と表3-3の「懲戒処分と分限処分の違い」の内容をサラッと頭に入れます。完璧に覚える必要はありません。本章での練習は共同すること、仲間と支え合って楽しく学ぶ練習です。時間は5分。

教員の処分には、懲戒処分以外にも分限処分というものがあります。分限とは「身分保障は前提としつつもあなたの意志と関係なく処遇を変えるよ」という意味です。病気等で職務を十分に果たし得ない状況になったときに、降給・降任・休職・免職(免職の場合、懲戒処分とは異なり退職金がでます)になる可能性があるということです(表3-3参照)。処分という言葉で表現されますが、懲罰的な意味合いはありません。あくまでも、公務がきちんと機能するために設けられている制度です。

表3-2 非違行為と懲戒処分 (東京都公表のものを一部抜粋・改変)

非違行為の内容	戒告	減給	停職	免職
体罰等	体罰を行った場合	常習的な体罰を行った場合 体罰により傷害を負わせた場合 体罰の隠ぺい行為をした場合		児童生徒を死亡させた場合 重篤な後遺症を与えた場合 児童生徒の苦痛の程度が重い場合
	その他、暴言や威嚇行為、不適切な指導の場合			
いじめ	児童生徒へのいじめ、児童生徒間のいじめへの加担 もしくは助長を行った場合		児童生徒へのいじめ、児童生徒間のいじめへの加担 もしくは助長を行った場合で、悪質性、隠蔽や常習性などを総合的に判断	

区分				
性的な行為等		児童生徒に対して性的なからかい、デートへの誘いなど性的不快感を与えた場合	児童生徒に対してわいせつな内容をメール・SNS等で送信・発信した場合 性的行為と受け取られる直接身体に触れる行為（薬品の塗布、テーピング等を行う際の行為を含む）を行った場合	強制わいせつ、児童ポルノの製造・所持・提供など、未遂を含む条例違反・法律違反を行った場合 児童生徒に対して、同意の有無を問わず性的行為を行った場合
	上記の性的行為について、保護者や一般の者に対して、また、職場等で行った場合			
パワーハラスメント		パワーハラスメントを行ったことにより相手が強度の心的ストレスの重責による精神疾患に罹患した場合		
	パワーハラスメントを行ったことにより相手に著しい精神的または身体的苦痛を与えた場合			
横領、収賄等		故意に公物を損壊した場合 通勤手当を含む諸給与の違法支払い・不適正受給があった場合 公金・学校徴収金の流用等不適正な処理をした場合		横領、窃盗、詐取をした場合 収賄（ワイロの受け取り）をした場合
	利害関係者から供応（食事等のもてなし）を受けた場合			
勤務態度不良等	無届欠勤1日または私事欠勤5日以上	無届欠勤3日または私事欠勤9日以上	無届欠勤5日または私事欠勤15日以上	3週間以上無届欠勤を継続した場合
	職務命令違反、職務専念義務違反または職場離脱を行った場合		公文書偽造・変造、私文書偽造・変造もしくは虚偽公文書を作成したり、それらを行使した場合	
個人情報や秘密漏えい等	過失により個人情報を盗まれ、紛失し、または流出させた場合		故意に職務上の秘密を漏洩し、公務運営に重大な支障を生じさせた場合	
交通事故等		飲酒運転以外での交通事故で人に傷害を負わせた場合		酒酔い運転または酒気帯び運転で人を死亡させ、または傷害を負わせた場合 酒気帯び運転で物損事故を起こし、逃走した場合 交通事故で人に傷害を負わせ逃走した場合
			酒気帯び運転で物損事故を起こした場合	
その他違法行為		占有離脱物を横領した場合 故意に他人の器物を損壊した場合		強盗、恐喝、窃盗を行った場合 覚せい剤、危険ドラッグ等を所持または使用した場合
	傷害を負わせた場合			
無許可の兼業・兼職	期間、回数、業務の内容を総合的に判断			
監督責任	部下職員の非違行為を隠ぺいし、または黙認した場合			

表3-3 懲戒処分と分限処分の違い

	懲戒処分	分限処分
意味合い	公務秩序維持の観点から行う制裁	公務能率の確保等の観点から行う変動
根拠とする法令	地方公務員法第29条	地方公務員法第28条
処遇	戒告、減給、停職、免職	降給、降任、休職、免職
具体的な条件（一部抜粋）	①法律や条例などに違反した場合 ②職務上の義務に違反した場合 ③全体の奉仕者たるにふさわしくない非違行為があった場合、など	①勤務実績がよくない場合 ②心身の故障のため、職務の遂行に支障があったり、長期の休養を要する場合 ③必要な適格性を欠く場合 ④刑事事件に関し起訴された場合、など

［予想質問集］

・教員が懲戒処分を受ける事例にはどんなものがありますか？
・非違行為をしてしまった教員はどんな人ですか？
・先輩教員が非違行為をしていた場合にはどのようにしたら良いでしょうか？
・新人教員に「これだけは知っておいてほしいこと」はありますか？
・例えば○○をしてしまったら、どのような懲戒処分を受けるのでしょうか？
・懲戒処分と分限処分の違いはなんでしょうか？
・分限処分を受ける人に特徴はあるのでしょうか？

3つ頭の専門家でパフォーマンス

Let's try!

前の人の発言をよく聞いて、パフォーマンスし続けてください。ポイントはイエス・アンドです！ あなたが想像していなかったような文節が来ても、それを「うんうん、それで」と即興で受け入れて、次の言葉をつなぎましょう。

① 3人組同士で3ペアが集まります。
② それぞれ3人組をチームA・B・Cと命名してください。インタビューの際は新しく決めた3つ頭の専門家としての名前で呼びます。全部で3回パフォーマンスします（表3-4参照）。
③ 専門家に対して3名のインタビュアーが質問を繰り返します。制限時間は3分間です。
④ オーディエンスは専門家が専門家らしく答えられるように「さすが専門家！」「よっ！ 専門家！」と応援して拍手をしてください。

表3-4 パフォーマンスの順番

	専門家	インタビュアー（3名）	オーディエンス（ジャッジ）
1回目	Aチーム	Bチーム	Cチーム
2回目	Bチーム	Cチーム	Aチーム
3回目	Cチーム	Aチーム	Bチーム

※ジャッジ：発展バージョンとしてオーディエンスがジャッジメントをするパフォーマンスにも挑戦してみましょう。専門家 VS インタビュアーの勝敗を決めたり、点数評価をしたり、学習者のモチベーションを高める方法で工夫をしてみると良いでしょう。

[5] 学びのふりかえり

＊リードアップをやってみて
- 一般の会社員と教員の同じところ、違うところは？
- あなたが破ってしまいそうな法律は？
- なぜ、それぞれのルールがあるのでしょうか？
- 集団の中で声を出すのが不安でしたか？ なぜですか？
- 仲間がどのタイミングで声を出しているかじっくり聞けましたか？
- 仲間の間違いを指摘しましたか？ なぜですか？
- 共同するコツは何ですか？

＊3つ頭の専門家をやってみて
- どんな行為が懲戒処分の対象になった？
- ルールを積極的に破らないためにあなたが気をつけたいことは？

第3章 共同する

・教員の責任とは言い換えると？教員だけ特別視はダメなこと？
・3人で1人になった感覚はどうだった？
・1人のように話すコツは？難しかったこと、簡単だったことは？

Column 4：正常性バイアスの落とし穴に気をつけよう！

正常性バイアスとは、ある程度までの異常を正常の範囲内とみなしてしまう（矢守，2021）人間の心理的特性のこと。「あの人って正常性バイアスタイプだよね」という誰かの特徴を表したものではなく、私たちすべての人間に当てはまる性質のことです。

正常性バイアスは、トラブルが起きた時に平常心を保ち、「大丈夫」と心を落ち着かせるポジティブな機能でもあります。しかし一方で「周りも逃げていないから大丈夫」「まだ大丈夫」「自分は大丈夫」と、自分にとって都合の悪い情報を過小評価して正確な判断ができず、取り返しのつかない事態になってしまうというネガティブな機能もあります。2011年の東日本大震災で「まさか自分は津波の被害に遭わないから大丈夫」と情報を過小評価してしまったことが逃げ遅れにつながり、多くの方が命を落とす原因になったともいわれています。

服務規程違反を犯した教員たちは、教員免許状を取得し、教壇に立ったその日から「よし、絶対に服務規程を守らないぞ！」と思って教員生活をスタートさせたわけではありません。教員生活に慣れ、「周りがやっているから大丈夫」「まさか自分は大丈夫」「まだ大丈夫」と正確な判断ができなかった、つまり正常性バイアスの落とし穴にはまってしまったのかもしれません。

ふりかえり 4つの木！ — 未来のあなたへのメッセージ

①気に入ったこと、②気になること、③気付いたこと、④キープしておきたいことを書き留めておこう！

対話する

> 　教員は、学校教育という仕組みがあるからこそ「教員」という役割を与えられます。教員は誰かが個人的に決めた役割ではなく、社会に認められた大切な機能です。その役割がこれまで100年以上維持されてきたのはなぜでしょうか。多くの人が学校教育に意味や価値があると考えてきたからこそ、社会全体で教員の立場を守ってきたのではないでしょうか。では、その意味や価値とは何なのでしょうか。
>
> 　本章ではこうした問いを念頭に置きながら、「学校に行くとこんなに良いことがあるよ！」と笑顔で伝えられるような教員を目指してパフォーマンスしていきます。キーワードは、対話する、です。

　これまでの章で、教員が目指すべき目標や守るべきルールがあること、そうした社会的な枠組みの中で、教員は子供達を育てていく存在であることを学んできました。頭の中から世界に飛びだし、実際にパフォーマンスすることで、頭の中では思い通りになることが実際の世界では思い通りに実現していかない面白さやもどかしさを体験してきたことでしょう。

　本章ではそうした体験をベースに、他者と対話することに着目していきます。他者と関わる際、身振り手振りといった非言語的要素はもちろん大切ですが、言語的要素も無視できません。相手にどんな言葉を用いて自分の考えや思いを伝えるのか、相手のどんな言葉を受け取り、何を感じるのかといった即興のやりとりは、いくつになっても、日々練習に値するものでしょう。

　本章では、学校教育の意味や価値の内容について取り扱いながら、教員として対話するパフォーマンスを練習していきます。子供達と情報伝達さえできれば良いとするならば、教員役は生成系AIに任せれば十分でしょう。教員が教員として必要な意味は、きっと対話の中にあります。

　仲間と教員として対話するパフォーマンスを練習し、より良い学校教育を創造する未来に向かって、パフォーマンスしていきましょう。

[1]「対話する」際のポイント

対話する際のポイントは「unprepared mind（予期しない考え）」(上田, 2013) を楽しむことです。対話する相手はあなたではないので、あなたの思い通りにならないこともあるでしょう。そのとき柔軟に、「あ、これが unprepared mind か！」とひらめいてほしいと思います。

人間は、予め自分がプランしたことを実行し続けているかのように解釈されがちですが、実際には即興で状況的に行為する生き物です（サッチマン, 1999）。例えば買い物に行くとき、買わなければならないリストを握りしめてスーパーに行ったとしても、脳内では「あ、あれも安い。買おうかな。やめとこうかな」と考えたり、その場で空いているレジを選んで会計をしたりするでしょう。予期しない出来事と呼応し合って人間は日々生きています。

対話する際も同じです。対話とは、相手との言語・非言語的やりとりを通した創造の場です。ファミレスで友人とおしゃべりをしているとき、10分後に何を話すのか予めプランしている人はいないでしょう。相手とのやりとりの中でひらめき、心を動かし、新しい何かを常に生みだしているはずです（それが何の役に立つかどうかなど、社会的意義はさておき）。

文部科学省は、平成29年度の学習指導要領の改訂で「主体的・対話的で深い学び」を重視する方針を打ちだしました。誰も答えを知らない未知なる明日に立ち向かっていく人材を育てるためには、日々、答えのないことに皆で取り組んでいく練習が必要だと考えているからです。子供達を育てる立場の教員も同じです。誰も答えを知らない未来を一緒につくっていくために、子供達と対話し続けられる大人でありたいと思いませんか。

[2] ウォーミングアップ：ペンのダンス　（有元, 2022より）

① ペンを1本 ✏ 用意します。
② 両手の人差し指でペンの両端を持ちます。
③ 下記のイラストの動きをやってみます。

1. 目のたかさで
ピタッととめる

2. あたまの上に
もちあげる

3. 右上にたてにする

4. おへその下におろす

5. 左上になるように
ひっくり返して

6. 目のたかさまで戻して

7. よこにもどして
目のまえでピタッととめる

④ 2人組をつくります。
⑤ ③の動きを、2人で1本のペンで行います。
ただし、声を出さず（喋らずに）互いに指示せずに行います。
⑥ お互いに終わったら拍手し合いましょう。

よろしくー
（Pさん）

ちょっと緊張…
（Qさん）

［ポイント］
☺ 相手が「思い通りにならない」ことを体感しましょう。
☺ ペンを落としてしまったら、落としたところからもう一度やってみます。
☺ 動きのお題は③だけではなく「猫、チューリップ、クリスマス、星、宇宙、愛」など、絵を描いてみてもよいでしょう。自由に難易度を調整してみましょう。

[3] 基礎編：教員になって対話しよう！

　対話するパフォーマンスでは、まず、相手の話をよく聞くこと、それをイエス・アンドして自分の思いや考えを丁寧に相手に伝えることが大切になります。普段のやりとりでは見逃してしまいそうな瞬間をキャッチして、創造的なやりとりとしての対話になるように練習していきましょう。基礎編ではまず、2つのパフォーマンスで、より良い教員になることを目指します。

第4章　対話する

[3-1] パフォーマンス：先生になってみよう！（有元，2013より）

　最初のパフォーマンスでは、教員になって「抽象画」を言葉で説明し、生徒にその絵を正確に再現させます。抽象画を描かせる、という行為を頭の中でイメージするとき、それは一方的な情報の伝達として情景が浮かぶでしょう。ところが、実際の世界に飛びだしてパフォーマンスをしてみると、お互いが何を伝えようとしているのか、何がわかっていて、何がわかっていないのか、何とかして意思疎通をしようとするやりとりが始まります。その場で、創造的な活動としての対話が生まれるのです。そうした対話するパフォーマンスを練習します。では、下記の手順で進めていきましょう。

　［用意するもの］
・A4用紙1枚
・黒ペン1本

［手順］

(1) 2人組をつくります。
(2) 「教員」と「生徒」を決めます。
(3) 背中合わせに座ります。
(4) 「教員」は、本書のp.63を開きます。その時、「生徒」にそのページがみえないように注意すること。
(5) 「生徒」は、「教員」の指示に従って、A4用紙にお題の絵を描きます。できるだけ元の絵と同じになるように正確に描くように努めてください。
(6) 「教員」も「生徒」も、お互いの手元はみてはいけません。ただし、お互いの手元をみなければ「生徒」もどんどん質問をして良いです。制限時間は5分。
(7) 時間が来たらお互いの絵を見せ合い、交代！ 今度はp.82の絵でやってみましょう。
(8) 終わったら、p.61の学びのふりかえりをします。

[3-2] パフォーマンス：自分の学習観を対話で探ろう！

　次は、自分の学習観を考え、言語化する過程で対話するパフォーマンスの練習をしていきます。あなたは「学び」と「勉強」について考えたことはありま

すか？　学校で学ぶとはどういうことだと考えていますか。ここではコラムを読みつつ、皆さんがそれぞれどのような学習観に基づいて教育を捉えているのか、他者とのやりとりの中で創造的に探り、対話します。

［手順］
(1) 4人組をつくります。
(2) コラム5をそれぞれで黙読します（2分）。

╌╌╌╌╌╌　**Column 5：文化の担い手、正統的周辺参加**　╌╌╌╌╌╌

「先生、この前皆に言ったよね？」と叱られた経験はありませんか。言えば、伝わる。教えれば、理解する。という教育のあり方（教え込み的教授行為）は、学校教育あるあるかもしれません。

ところが、日常の社会的実践の中で、教え込みをしなくてもほとんど誰もが一人前になれるという学びのあり方に気付いた人達がいました。レイヴ＆ウェンガー（1991）です。彼らは、服の仕立屋の新人と熟達者に着目し、新人が、仕立屋の簡単な仕事（周辺的な仕事）から担い、熟達していく過程に学習を見いだしました。**コミュニティの一人前になろうとする参加の過程こそが学習**であり、**知識や技能は参加の副産物**だ、と言ったのです。知識を得るために一人前になるのではなく、一人前になっていく過程で知識や技能が身に付いていくものだ、という人間の日常の学習のあり方を説明したのです。こうした学習の仕組みを**正統的周辺参加**（LPP：Legitimate Peripheral Participation）といいます。

例えば私は、日本人女性としてコミュニティに参加し、日本人女性としての言葉遣いや振る舞いを身に付けています。日本社会の女性というコミュニティに正統的周辺参加し続けているからです。

学校はどうでしょうか。子供達に「こんな大人になりたい」とか「こんな自分になりたい」とか45分、50分ごとに思わせられているでしょうか。授業が始まる瞬間に、次はどんな自分になりたいかな？と考えさせられているでしょうか。

もちろん、学校という文化そのものへの正統的周辺参加も大切なことです。日本の学校教育という共通システムで学ぶということは、外国にルーツがあったとしても日本の文化や社会を学習する機会であるということになります。教育の目的を思い出してください。「平和で民主的な国家及び社会の形成者として必要な資質」を育成するための学校文化です。

学校も学校の外の文化への正統的周辺参加としての大切な通過点ですから、卒業して学校文化から離れた後にもなりたい未来の自分に向かって生きていけるように、学校の中での学びを深めさせるということが大切なのだと思います。そうしたことを前提に、子供達を学校文化に参加させたいものです。

╌╌

(3) コラム5の考え方に① 賛成か反対か、② 共感できる部分と共感できない部分について整理し、③ あなたにとっての「学び」とは何かを語ります。他者の考えを聞き、自分の学習観を言語化しましょう。
(4) 4人がお互いの考えを伝え合い、4人の相違点を3点に絞ってください。

・私達の相違点(1)
　　　　　　(2)
　　　　　　(3)

(5) コラム6をそれぞれで黙読します（2分）。

・・・・・・・・**Column 6：学びと勉強**・・・・・・・・・・・・・・・・・・・・

「学び」・「勉強」というそれぞれの用語をどのように捉えているか説明できますか。このコラムは「学校は勉強してテストで良い点とるための場所で、良い点取ることが学びの証明でしょ」と思っているあなたに向けたメッセージです。

学校は、放って置いたら知らないこと、やらないようなことを子供達に提供する場です。他者と協力するといった道徳的なことも含めて、社会が蓄積してきた知恵を、効率的に学ぶことができる場です。遺伝では身に付かない、つまり、系統発生では身に付かないものを、身につけさせる場です。

学校はこうした先人の知恵を後天的に獲得させ、個体発生の過程（個人の人生）をより良いものとして経験させていく役割を担っています。未来ある子供達の豊かな人生を期待して、より良く生きていくための練習をする場です。つまり、生まれながらにしてできることではなく、**やったことがないようなことに挑戦させる**必要があります。

「だから新しい知識をいっぱい教えないと！」と思うかもしれません。もちろん「知識や教養があること」も教育の目標として掲げられていますので、教科書に載っているような専門的な知識を記憶させることも大切でしょう。ペーパーテストで100点を取れたら「頑張ったね」と褒めてあげることは良いと思います。しかし、その知識や教養は、頭の中に記憶として蓄えられているだけで、より良い人生を送ることを保証するのでしょうか。一体、学校教育で目指す学びとは何なのでしょうか。

ここで、「勉強」の文字に着目してください。勉強は、「強いて、勉める」と書きます。強いるとは、本人にとっては放って置いたらやらないことをあえて提供するということ、勉めるとは、力をだして頑張るということです。それは他者と

関わること、皆の前で発表すること、勇気をだして先生に人生相談をしてみること、もちろん何か新しい知識を記憶することもその一部で、そうした全てのことを含んでいます。勉強とはつまり、**やったことのないことに勇気をだして挑戦する**ということなのではないでしょうか。必ずしも机に向かってノートにガリガリ何かを書くことだけを意味していないのではないでしょうか。

　私は、そうしたことでえられるものを総じて学びと呼んでいます。ペーパーテストで記述できること、言語化できること、認知的能力だけではないということです。学びとは、人間の発達の先にあるものだと考えています。**やったことがないことをやったことでえられるものに名前がついたもの**だと、私は解釈しています。

　DNA には刻まれていないようなことを、遺伝的にやったことがないようなことを、頭の中を飛びだして世界と関わり、パフォーマンスをすることで経験し、えていくものを学びだとするならば、私達の日常は学びに溢れていると思いませんか。皆さんは、何を学びだと思っていますか？

(6) あなたにとっての「学び」と「勉強」とは何かを語ります。他者の考えを聞き、自分の学習観を言語化しましょう。

(7) 4 人の考えをまとめて「教員が持つべき学習観」を五七五の形式でまとめます。なぜその五七五になったのか理由も添えます。

教員が持つべき学習観「五七五」

(8) 終わったら、p.62 の学びのふりかえりをします。

[4] 応用編：なぜ学校に行くの？を保護者と対話しよう！

　基礎編はいかがでしたか。あなたがそのとき、その瞬間に発話したことは、あなたの中に元々あった何かが外側に表出されたものだったでしょうか。それともその場で、仲間の前で発話しながら unprepared mind として創発されたものだったでしょうか。発話しながら、対話しながら「私ってこう考えているんだな」とか「そういえばこんなことも経験したことがあったな」とか、その場で即興の創造の場がつくられる感覚を認識できたでしょうか。

第 4 章　対話する

お気付きの通り、あなたが何を話すのかも、どの言葉を選んで伝えたのかも、どんな表情で、誰をみて、どんな声色で伝えようとしたのかも、事前にあなたが決めたわけではありません。その瞬間、その場で初めて即興的にパフォーマンスされたはずです。「いやいや、これはずっと考えていたことだったし」という人も、脳内のぼんやりした考えを言語化する過程は、その場のパフォーマンスによって決定付けられたはずです。あなたが、毎日を一字一句決められた台本に従って生きるようなサイボーグではない限り、私達は常に即興で他者と対話できる可能性を持っているのです。
　さて、応用編では、保護者との対話を想定してパフォーマンスをしていきましょう。まずは、対話のための準備をします。手順は次の通りです。

[4-1] 保護者と対話しよう！準備編
［手順］
(1)［設定］を読みます。
(2)［資料１：学校教育の意義と目的］(p.57)
　　［資料２：令和の日本型学校教育の構築］(p.58) を読みます。「なぜ学校に行くのか？」を考えるためのヒントを手に入れましょう。
(3)［対話のヒント］(p.58) を読みます。
(4) 保護者に向けた「具体的でわかりやすい１分以内で伝える自分の考え」をp.59にまとめます。

［設定］
　あなたは事前に保護者に向けて「保護者懇談会で話し合いたいテーマ・質問などございましたらご記入ください」という項目を含んだ無記名式のアンケートを実施しました。すると「本当に学校なんかに行く意味あるのでしょうか？」「できれば塾を優先したいので学校はできるだけ休ませたい」など、学校に行くことを肯定的に捉えていない回答が複数ありました。そのアンケートの回答を受けとったあなたは、たくさんの保護者の前で「学校に行く意味をきちんと説明しなくては」と決意します。

資料1：学校教育の意義と目的
　学校教育（特に義務教育）については、文部科学省（中央教育審議会）が「学校教育制度に関する基礎資料」で、丁寧にその意義と目的を説明しています（下線及び括弧付き数字は筆者の加筆）。各段落の冒頭の日付は、その当時の資料であることを示していますが、これまでの流れをじっくりみていくと、学校教育に求められている役割がみえてきます。

　「今後における学校教育の総合的な拡充整備のための基本的施策について（答申）」昭和46年6月第1編第1章2(1)：「学校教育は、①すべての国民に対して、その一生を通ずる人間形成の基礎として必要なものを共通に修得させるとともに、個人の特性の分化に応じて豊かな個性と社会性の発達を助長する、もっとも組織的・計画的な教育の制度で（中略）②国民教育として普遍的な性格をもち、他の領域では期待できない教育条件と専門的な指導能力を必要とする教育を担当するものである」

　「21世紀を展望した我が国の教育の在り方について（第一次答申）」平成8年7月（第2部1章(1)[1]）：「学校の目指す教育としては、③(a)[生きる力]の育成を基本とし、知識を一方的に教え込むことになりがちであった教育から、子供たちが、自ら学び、自ら考える教育への転換を目指す。そして、知・徳・体のバランスのとれた教育を展開し、豊かな人間性とたくましい体をはぐくんでいく。(b)生涯学習社会を見据えつつ、④学校ですべての教育を完結するという考え方を採らずに、自ら学び、自ら考える力などの[生きる力]という生涯学習の基礎的な資質の育成を重視する。」

　「新しい時代にふさわしい教育基本法と教育振興基本計画の在り方について（答申）」平成15年3月第2章2(4)1：「教育の目的を実現する上で、今後とも学校教育は中心的な役割を果たすことが期待されている。特に、今後の学校には、⑤基礎・基本の徹底を通じて生涯にわたる学習の基盤をつくり、共同生活を通じて社会性を身に付けていくこととともに、社会人の再教育など多様なニーズに対応した学習機会の充実を図ることが強く求められている」

上記をまとめると、学校教育の役割とは①② 日本のどの地域で生活をしても、必ず平等に教育の機会を与え、その内容は人間形成の基礎であり、③ 特に「生きる力」を育成すること、④ ただし学校教育で何もかも完璧に身に付けさせようとするのではなくて、将来にわたって生きていくための基礎的な力を養うこと、⑤ さらに他者と共同して生きていく社会性をも身に付けさせること、であるとわかります。

> **資料２：令和の日本型学校教育の構築**
> 　令和の時代に入ってからは、「令和の日本型学校教育の構築」が目指されるようになりました（図4-1 参照）。個別最適な学びと、協働的な学びの実現のために、ICT を活用しつつ、予測困難な時代を乗り越えられる子供達の育成が学校教育の役割として期待されています。
>
>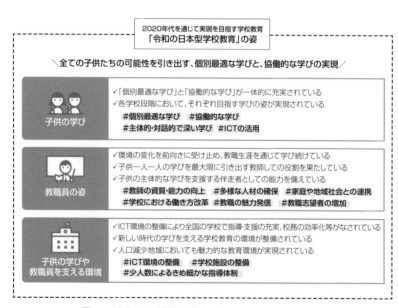
>
> **図 4-1　令和の日本型学校教育の姿**（中央教育審議会, 2022）

［対話のヒント］

(1) どんな保護者がいるか？を考える

　保護者には色々な背景を持った人がいます。ひとり親・里親・祖父母・児童

養護施設の職員・同性カップルの保護者・外国につながる保護者・障害のある保護者などなど。多様な子供達に出会うということは、自分の出会った事のないプロフィールの保護者にも出会う機会です。例えば学校行事は、そうした保護者と直接対話する場になるでしょう。

(2) 具体的な言葉で伝える

保護者は抽象的でキラキラした言葉ではなく、子供達が何を、どのように学校で学んでいるのかということを具体的に知りたいと思っています。「人間形成の基礎」「生きる力」「社会性」とは具体的にどういうことでしょうか？ そうした力を育んでいくために、教員として、どのような工夫をしていきたいと考えているのか、具体的な方法を考えて伝えましょう。

具体的でわかりやすい1分以内で伝える自分の考え「学校に行く意味と教員にできること」

[4-2] 保護者と対話しよう！実践編

さて、「学校に行くとこんなに良いことがあるよ！」と胸を張って言える対話のタネは完成しましたか？ 早速、それを基に教員と保護者になりきって、仲間と対話を始めましょう。対話するパフォーマンスの練習です！

［手順］
(1) 4人組をつくります。
(2) 1人が「教員」、残りの3人は「保護者」です。「保護者」の3人は、p.60-61の保護者プロフィールから好きな番号を選び、その保護者になりきります。
(3) 「教員」がまずは次のセリフからスタート。「本日はお忙しい中保護者参観にご臨席賜り、誠にありがとうございました。」
(4) p.56の［設定］に基づき、あなたの考えを保護者に伝えます。1分以内で原稿はみません。
(5) 「保護者」は保護者プロフィールにある「対話フレーズ」を基に、「教員」と対話します。様々な角度から自由に質問してください。「教員」も「保

表4-1　保護者プロフィール

番号	保護者氏名	児童生徒との関係	児童生徒プロフィール ※学年は自由に設定して良い
1	鈴木りんご	母	ひまわり（男）授業態度は真面目。成績は中の上。得意教科は体育。苦手教科は英語と数学（以下、算数でも良い）。部活（以下、クラブ活動でも良い）は野球。山本パンジーと仲が良い。
2	佐藤みかん	父	さくら（女）授業態度は真面目。成績は上の下。得意教科は英語・国語・社会。苦手教科は数学。部活はバレー。森本あやめと仲がよい。
3	村上いちご	叔母	すみれ（女）授業態度は普通。成績は中の中。得意教科は国語・理科。苦手教科は体育。部活は演劇部。王みんとと仲が良い。
4	齋藤いちじく	祖母	ふじ（男）授業態度はやや悪い。成績は下の上。得意教科は体育。苦手教科は数学。部活はサッカー。田中ぼたんと仲が良い。
5	山本メロン	母	パンジー（男）授業態度は普通。成績は中の中。1年前にアメリカから来日。得意教科は英語と数学・理科。苦手教科は体育・社会・国語。日本語に不自由は感じていないが読み書きは苦手。部活は野球。鈴木ひまわりと仲が良い。
6	田中きんかん	児童養護施設の職員	ぼたん（女）授業態度は普通。成績は中の上。得意教科は英語と国語。苦手教科は数学・理科。部活はバスケ。齋藤ふじと仲が良い。
7	森本ぶどう	父	あやめ（女）授業態度は真面目。成績は上位。得意教科は英語・国語・数学。苦手教科は理科。部活は茶道。佐藤さくらと仲が良い。
8	王檸檬（おうれもん）	母	みんと（男）授業態度は普通。成績は中の上。生まれてから2年で中国から来日。得意教科は英語・国語。苦手教科は社会。部活は野球。村上すみれと仲が良い。

　護者」も共通の目的は子供達の発達を支えることです。対話の時間は3分。
(6) 時間が来たら「教員」を交代します。「保護者」のプロフィールも変更します。
(7) 終わったら、学びのふりかえりをします。

どんなことを心配しているか ※基本設定なので自由に創造して良い	対話フレーズ ※思いついたら他のフレーズを採用したり他の保護者のフレーズをアレンジしても良い
進学のこと	・学校での勉強って社会に出た時に何の役に立つのでしょうか。 ・先生は、学校の勉強で日ごろ役に立ってるなぁと思うことって何でしょうか。
友達とうまくやっているか	・授業がわからなくてもわからないと言えません。その点、塾では丁寧に教えてもらっています。 ・学校ではなくてフリースクールにいきたいと時々言います。どうしたらいいでしょうか。
精神的に不安定な部分があること	・学級・ホームルーム経営をしていて困ることはありますか。すみれは迷惑をかけていないでしょうか。どのようなことに気を付けて家庭で指導したら良いでしょうか。 ・クラスが落ち着かないことがあると時々心配そうに漏らすのですが、実際にはどうなんでしょうか。
学校の授業についていっているか	・テストでなかなか成績が伸びないと言っています。周りの子もそうだと。学校は成績の保証はしてくれないのでしょうか。 ・本人にも悪いところはあると思うんてすが、もう少し楽しい授業をしていただくことはできますでしょうか。
友達とうまくやっているか	・うちの子は友達とどんな風に普段関わっているのですか。 ・学校の勉強は大切だと思います。ただ、先生が一方的に話すばかりの授業で、友達と相談したり考えたりする時間は取ってもらえないから友達と仲良くなれないと言っています。
いじめを受けていないか	・先生はこのクラスの中でどのように子供達を育てていきたいと考えていらっしゃるんですか。
進学のこと	・うちの子はあまり人と関わるのは得意じゃないんです。 ・学校の授業がつまらないといつも不平不満を言っています。他の子もそうなんでしょうか。
進学のこと	・部活でヘトヘトになって帰ってきます。そんな子に勉強しろ、とは言えません。授業中にしっかり勉強することはできないのでしょうか。

[5] 学びのふりかえり

＊先生になってみよう！をやってみて

・どう教えたらよかったでしょうか？

・教わる側はどんな質問をすればよかったでしょうか？

- どうしたらより正確に絵が描けるでしょうか？
- 教わる側は子供達の「わからなさ」の気持ちを疑似体験したと思います。どんな気持ちでしたか？

＊自分の学習観を対話で探ろう！をやってみて
- あなたと仲間の考えはどこが一緒で、どこが違いましたか？
- 今日新しく気付いた学習観はありましたか？
- 絶対に譲れない学習観は？ それは何で、なぜ譲れませんか？

＊【応用編】で教員をやってみて
- 1分以内のパフォーマンスで何がどれくらい伝わったと思いますか？ それはなぜですか？
- 思い通りにいった！と思うこと、逆にいかなかったと思うことは何でしたか？ それはなぜですか？
- 保護者からのどんなコメントに「ドキッ」としましたか？ それはなぜですか？
- もっとできるようになりたいこと、学びたいことは？

＊【応用編】で保護者をやってみて
- 保護者の立場になってどんな気持ちでしたか？
- この教員に任せても大丈夫だと思いましたか？ 逆に不安だなと思いましたか？ それはなぜですか？
- 保護者の中で教員と最も相性が良かったのは誰ですか？ 逆に相性が悪かったのは？ それはなぜですか？
- 仲間のパフォーマンスで、真似したいなと思ったことは？

·∴·∵·∴·∵· **Column 7：保護者は最大の応援団！** ·∵·∴·∵·∴·∵·∴·

　本章に登場する保護者はかなり厳しめの設定ですが、実際はほとんどの保護者が教員を支え、応援してくれる存在です。メディアで取り上げられるモンスターペアレントのような存在はわずか数％だともいわれています。ほとんどの親はあなたの応援団ですので、大事なことは、その方々をあなたの味方にすること！
　そのためには子供達が帰る瞬間に「今日も楽しかった！」と笑顔で帰宅させることです。帰宅してきた子供達が笑顔だったら、保護者は何も言うことはないでしょう。だからこそ、1日の終わりには子供達を労い、笑顔で明日も会おうねと挨拶でき

たら良いですね。

ふりかえり 4つの木！ — 未来のあなたへのメッセージ

①気に入ったこと、②気になること、③気付いたこと、④キープしておきたいことを書き留めておこう！

第4章 対話する

seeing = perceiving / looking / observing

みる

> 　人間はほとんどの場合、視覚からの情報を優先して知覚します（浅野, 2021）。それほど、みるという行為にはパワーがあります。これまで、演じるときも、共同するときも、あなたのその目が、パフォーマンスを支えていたでしょう。自分の姿をみたり、相手のパフォーマンスをみたり、この本の文字やイラストをみたりと、視覚情報を脳の中に伝達するとき、あなたのその目が機能していたはずです。（視覚に障害がある場合には、耳や肌などその他の器官で他者と関わるための情報をキャッチしていたかもしれませんね）。
> 　本章では、あなたが世界をどのようにみているのかを改めて自覚し、教員として子供達や教室空間をみることができるような練習をします。え、みるってパフォーマンスなの？ときっと思うことでしょう。みるという認知機能がパフォーマンスの重要な役割を担っていることをあえて意識してみるのが、本章のテーマです。

　「みる」とは、あなたの脳内にあなたが捉えている現実世界を描き出すことです。実際に視力があるかどうかは問題ではなく、あなたが脳内に描き出した世界とどう関わるかということが重要になります。

　教員は日々子供達を観察し、気付き、見取り、それぞれの子供に合致した適切な支援ができるように努めています。子供達の支援には、みるパフォーマンスが欠かせません。あなたの頭の中には、あなたの思い通りに動く子供がいるかもしれませんが、そこから飛びだした現実の世界には、予想もつかない子供達の姿があるはずです。

　さぁ、あなたがイメージする未来の教員像に一歩でも近づけるように、みるパフォーマンスをしていきましょう！

Column 8：5種類のみる

　日本語で「みる」という言葉を耳にしたとき、あなたはどんな漢字を思い浮かべるでしょうか。教員はどんな風に子供達や教室空間をみることが求められているでしょうか。

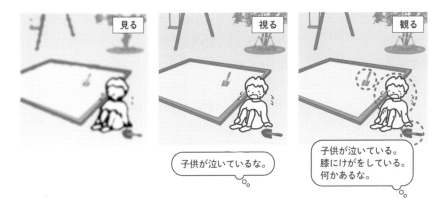

(1) 見る（seeing）→視界に入っている状態、何かがあることは知覚しているが、それが何かということまでは意識していない状態。
(2) 視る（looking）→視界に入ったものが何か認識している状態。
(3) 観る（observing）→視界に入ったものを積極的にみようとしている状態。それが何であるのかを理解しようとしている状態。
(4) 診る（examining）→病気や健康状態を把握しようとする状態。
(5) 看る（looking after）→世話をする状態。

[1]「みる」際のポイント

みる際のポイントは、**先入観をペンディング**することです。先入観とは、これまでの知識や経験からくる固定観念のことで、ペンディングとはいったん保留する、先延ばしにしておくという意味です。つまり、何か物事を把握するときに「きっとこうだろう」という思い込みで捉えるのではなく、今、目の前でみえている世界そのものをまずはそのまま受け入れてみる、ということです。

目の前に座っている子供達をみるとき、あなたが捉えた子供達の姿が、本当に子供達の全てを表しているのか？ということを、まずは疑ってほしいのです。そういった意味で、あなたの先入観をペンディングしてほしいと思っています。

例えば話を聞かず、机に伏している子供がいたとします。その子は日頃から、授業態度はあまり良くありません。すると教員は「あぁ、また今日も寝て

いるよ」という先入観を持ってしまうでしょう。そんなときこそ先入観をペンディングしてください。そして、今自分がみている子供に対する視点をもっと高い位置に、あなた自身も映る高さまで引き上げてみてください。

　その子供がなぜ机に伏しているのかを考えるとき、あなたがその子をみている視点が低すぎては何が問題なのかを明確にすることはできません。ただ子供のやる気がないと先入観で捉えた場合、「起きなさい」と注意をしてしまうかもしれません。もしかしたら、その子は今朝家を出るときに嫌なことがあったのかもしれないし、何らかの病気からくる体調不良かもしれません。部活の朝練が早くて眠いのかもしれないし、教員の授業がつまらない可能性だってあります。授業内容がわからないせいで居心地を悪くさせているのかもしれません。「また寝ているよ、授業態度悪いな」という先入観をまずはペンディングしてみましょう。その場でなぜ机に伏しているのかを捉えようとすることから始めれば、子供の現状に合致した、適切な指導を行き届かせることができます。

　余談になりますが、本当の子供達の姿とは何でしょうか。そうした姿を客観的に捉えることは可能なのでしょうか。そもそも、本当の子供達の姿といった本質はあるのでしょうか。この世界で、真実や本質といった絶対的なものが存在するかどうかは誰にもわかっていません。「いや、科学では真実や本質を証明しているじゃないか」と思うかもしれません。ところが、数学や物理学でさえそれが絶対にあるとは言わず、漸近的（ものすごく接近している状態）にあるだろうという前提に基づいて研究されています。科学の世界であっても、より多くの人間が理解できる最大公約としてのホントがあるに過ぎないのです。例えば、Aという手法で実験をして、Bという結果が出たとき、それは「Aという手法によって得られたBという結果が一番妥当で信頼性が高いだろう」ということでしかなく、Bという真実があるということにはならないのです。

　つまり、私達がみているものが何かということは、他者と擦り合わせて初めて理解されえるということになります。例えば、私とあなたの目の前に机と椅子があるようにみえたとします。私もあなたも「ここに机と椅子があるよね」という共通認識を持っていたとします。その机や椅子を触ったときの感触もお互いに感じているとします。しかし、そこに机と椅子があるという私達の認知機能の働きしかお互いに確認することはできず、そこに本当に机と椅子がある

かどうかという真実は、誰にも証明することはできないことがわかります。私とあなたの最大公約としての共通認識しかないのです。なんとも、面白いと思いませんか。

　本章では、こうしたことを前提にしながら、あなた自身の先入観をペンディングし世界を眺める練習をしてみてください。みることもパフォーマンスのうちなのです。あなたが頭の中から飛びだし、世界と関わり、世界をみようとしなければ、あなたは決して本当の意味で世界をみることはできないでしょう。目の前の相手と、そこに何がみえるのかを擦り合わせる練習が必要だからです。さぁ、みんなで世界をみるための準備はできましたか？

[2] ウォーミングアップ：3changes（ロブマンら，2007より一部改変）

① 2人組をつくります。
② 「探偵」と「怪盗」を決めます。
③ 「怪盗」は立ち上がり、静止します。
④ 「探偵」は「怪盗」の外見的な特徴を15秒間観察します。
⑤ 「探偵」は後ろをふりかえり「怪盗」をみずに待ちます。
⑥ 30秒の間に「怪盗」は、外見を3ヶ所変化させます。
　　例：髪を結ぶ、ピアスを外す、靴を左右逆に履く……など
⑦ 「怪盗」が変化し終わったことを確認した後、「探偵」はふりかえって「怪盗」の3ヶ所の変化を30秒以内に当てます。
⑧ 終わったら役割を交代します。

［ポイント］

☺ 変化は、大きな変化でも小さな変化でもOK。課題が難しいと感じたら、変化をあからさまにしたり、課題が簡単だと思ったら細かな変化にしたりと調整してみましょう。2人以上でやる場合には、「チーム全体で3ヶ所」とすると難易度が上がりますし、共同の練習にもなります。

[3] 基礎編：みるとはどういうことか？

[3-1] みるとは、自分のみたいものを知覚すること

あなたが読んでいるこの本について、今から1つの質問をします。このページから目を逸らさず、質問を読んだらすぐに目を閉じて、その質問に答えてください。

質問：この本のカバーデザインは何色だった？（目を閉じる）

質問に答えられましたか。この文章を読んでいるということはもう回答を終えて目を開けていますね。では、この本を閉じて一度カバーをみてください。質問を読んだとき、思わずカバーをみてしまった人がいたかもしれませんね。

正解できた人もそうでなかった人も、皆さんが確実にみているはずのカバーの詳細について正確に記憶していたでしょうか。目には入っていたはずなのに記憶できていないかもしれませんし、そもそも認知さえしていなかったかもしれませんね。

似たようなことが日常の中には溢れています。あなたが街中を歩くとき、無数の情報が複雑に入り混じってあなたの目の中に飛び込んでくるでしょう。しかし、その中であなたが知覚し存在を認識しているものは実際にはそう多くはありません。具体的にそれが何かということを視ていないからです。視るとは、視覚情報として入ってきたものが何かということを認識している状態です。

街中で歩いているとき、人はそこに建物があるだろうとか、植木があるだろうとか、たくさんの人が歩いているだろうということを知ってはいるでしょう。ぼんやりと見ているのかもしれません。しかし、それが本当にビルかどうか、それが植木かどうかということまではしっかりと視てはいないでしょう。さらに言えば、そのビルがどんな形や色で、看板に何と書いてあって、それがどんなフォントで、植木の種類は何で、葉っぱが何枚ついていて、5番目にすれ違った人の着ていた洋服が何か、ということまではじっくり観てはいません。（もちろん、それを楽しんで歩く人もいるでしょう🚶）。

人間は、一度にそれほど多くの情報を処理していないのです。思っているよりも世界を認識できていない、つまり、視ていないことになります。あなたの脳内に目の前にある何かが情報として入ってきたとしても、それが何かという

ことを認識できていないということは、見ているけれど視えていないことと同じです。逆に言えば普段私たちが何気なく行う、みるという行為は、自分がみたいものを選択してみていることに過ぎないというわけです。

　ところで、近年スマホが普及し、街中でスマホ画面をみている人たちが増えました。電車に乗るとほとんどの人がスマホ画面をみつめています。駅のポスターで「歩きスマホ、ながらスマホは危険です！」といった注意喚起しているのをよくみかけます。私達は、周囲を見ることさえなくなってしまったのかもしれません。その一方で、多くの人が同時にスマホ画面の向こう側の新しいバーチャル世界をみるようになっています。この現象に対してどんな漢字を当てはめるべきなのか、皆さんはどう思いますか。

[3-2] 新任教員は教室の中で何をみているのか？

　では、教室の中を覗いてみましょう。教室の中で、教員は何をみているのでしょうか。あなたが30人の子供達の前に立ったとき、全員の顔や表情、服装、髪型、机の上の状態、ロッカーなどなど、全てを一瞬にして知覚し、「観る」ことは可能でしょうか。そうなのです、かなり難しいと思いませんか。

　仮に、誰かが集団の中で目立つ行動をとれば「あ、あの子、様子が変だぞ」ということは比較的容易に、瞬時にキャッチできるでしょう。しかし、日頃から常にアンテナを張っているような教員であっても、全ての子供達の様子を常に把握しておくというのは不可能に近いことです。

　特に、新任教員は大勢の子供達の前に立つだけで緊張し、子供の表情をみるどころか、次に何をしたらいいのか、どんな指示をすれば良いかと自分のことばかりに気を取られてしまうでしょう。子供達のことを情報として脳内に取り込むこと自体が困難かもしれません。教育実習生ならば尚更でしょう。もちろん、皆さんの中には「大丈夫、そういうの得意だから」と思われる方がいるかもしれません。それはそれで素晴らしいことです。新任教員とはいえ、即戦力として務められる方はたくさんいます。そういう方こそ、仲間にどのようにみるパフォーマンスをすれば良いか、そのコツを教えてあげてほしいと思います。

　一方で、日頃から学生と一緒に学んでいると、私の教育実習生時代のエピ

ソードを思い起こさせる場面によく出会います。人前に立って、子供達の顔をじっくり観ることができなかったというほろ苦エピソードです。

　当時、教育実習生だった私は、小学４年生の音楽を担当しました。普段は教室で授業をしていたのですが、その日は音楽室での授業でした。学習内容は「もみじ」で、予定ではまず「もみじ」のCDを聴かせて、どんな歌詞かを解釈し、その歌詞の光景をイメージしながら歌ってみよう！という流れにすることを決めていました。

　しかし、いざ実際に授業が始まり子供達を前にして教員としてパフォーマンスをしてみると、頭の中のイメージとはだいぶ異なる展開になってしまいました。授業が始まると、音楽専科の先生が私をじっとみていました。私は教育実習生なのですから当然のことです。本来であればそんなことを気にせずに授業を進めればよかったのです。しかし私は「音楽専科の先生が私をみている！」と余計な情報を脳内に取り込み、それをじっくり観てしまいました。「もみじ」の歌を聞かせるどころか、挨拶の後すぐに教科書を開かせて歌詞の解釈を始めてしまうという何ともつまらない授業を展開してしまったのです。

　普段の冷静な自分だったら「音楽なんだからまずどんな曲なのかを聞かせないとダメでしょ」と判断できたはずでした。私自身の授業を私自身が客観的にみていたらきっとそう思ったはずなのです。普段の教室だったら子供達の顔をじっくり観ていたはずなのに、音楽室という環境が、専科の先生がみているという環境が、私自身のパフォーマンスに影響を与えました。私がじっくり観るべきだったのは、子供達の表情だったはずなのに。

　子供達は訳もわからぬまま、一生懸命に授業に参加してくれましたが、私がきちんと落ち着いて子供達の顔をよく観ていたらこのようなことは起きなかったと思います。当時の私は、子供達の顔をただ児童として捉えるだけの「視る」だったのだと今も反省する出来事でした。

　こうした私のほろ苦エピソードが脳内をよぎるとき、私の目の前には同じように人前で緊張している学生が立っています。自分でも何を話しているのかわからず、指示ができず、話していることが支離滅裂で、ときには無言になってしまう……。少人数のグループワークのときには笑顔で話していたのに！同じ大学生であっても集団を相手にすると、あの現象が起こってしまうのです。

お気付きの通り、頭の中から飛びだして世界に向けてパフォーマンスをするということは、そういうことです。頭で考えていることと、実際のパフォーマンスは違います。あなたをみつめる観客がそこにいるだけで、あなたのみるパフォーマンスに、脳内に取り込む情報の質に、影響を与えるのです。

[3-3] みるパフォーマンスを練習しよう！
　繰り返しになりますが、教室の前に立ち、子供達の表情をじっくり観るということは、教員として実はとても基本的なことであるはずなのに、そう簡単にできることではありません。それにもかかわらず、普段観るパフォーマンスを、あえて意識して練習する機会はなかなかありません。

　教職関連の教科書には、例えば「子供が暗い表情をしていたら、何か悩みがあるかもしれないサインです」といった、子供達の様子をみる視点については詳細に書かれているでしょう。そうした子供の表情を汲み取るのが教員の役割だということは、頭で理論として理解していることでしょう。だからこそ子供達の前に立ち、その子供の表情をじっくり観て、どのような表情が暗いといえるのか、そうしたことが判断できるような「みる」練習が必要なのではないでしょうか。

　では、最初にどんなことに取り組んだら良いでしょうか。まずは、人前に立って周りをじっくり見渡し、それぞれの人をみつめながら人からみられるという練習をしてみましょう。「なぁんだ、そんなことか」と思うかもしれません。ただ、その一歩が、難しいのではないでしょうか。第０章を読んだときのことを思いだしてください。「先生をパフォーマンスしよう！」と私が語りかけたとき、ほとんどの人がパフォーマンスせずに何食わぬ顔で文章を読み続けたと思うのです。それが、一般的だともお伝えしました。なぜなら、頭の中から飛びだしてパフォーマンスをすることは、えいや！と勇気がいることだからです。自分という枠組みの安全地帯を抜けでるのは、決して簡単ではありません。しかし皆さんは今、より良い教員になるために、パフォーマンスに挑戦し続けているのではないですか。本章でもその勇気をみんなで持ち寄ってほしいのです。

[3-4] みるパフォーマンス練習のコツ

　人前に立ってみる練習をするときには、コツがあります。まずは、子供達の（聴衆である仲間の）名前と顔を覚えてください。名前と顔を覚えると、何となくぼんやり人間がそこにいるという「見え」から、あなたの脳内にその子の顔がはっきりと「視え」てくるようになります。そのことで、普段の子供の様子と違うな、と「観え」るようになっていくわけです。名前と顔を覚えるためには、子供達と日々関わり、関係を築いていく必要があります。そのこと自体がみる練習であり、同時に本番でもあるのです。ただひたすらに繰り返すしかありません。

　ちなみに私がこっそり使っている子供の名前がわからないときの秘策は「知ってるフリ作戦」です。「下の名前だけ忘れちゃった。何だっけ？」と尋ねたり「お家の人には／友達には／他の先生には、何て呼ばれているの？」と尋ねたり、上履きに書いてある名前や、プリントに記名された名前をチラリとみたりすることで、「あなたの名前、実は覚えていないの。ごめん」ということを、子供に悟らせないようにしていました。作戦が決行できなかったときは正直に「ねぇ、名前を覚えたいから教えて」と伝えています。名前は個人のアイデンティティであり、何よりも大切なものです。子供達は自分の名前を呼ばれることで、そこに教員らしい大人がいるという「見え」から、一人の教員としての「視え」に変わっていきます。その後、どのような関係を築いていくのかはあなた次第だとは思いますが、まず名前と顔を覚えることから始めてみてください。当たり前のことなのですが、案外忘れがちなので。

　ほとんどの教員は、担当する学年が変わったりクラス替えがあったり、転勤があったりして、教員生活を積み重ねていく中で関わる子供達が毎年変わっていきます。そして彼らのほとんどが「最初は名前と顔を覚えて人間関係を作るところから始まるんだ！　そうでないと学習指導も生徒指導もできないから……」と経験的に理解しています。これは、教員が現場で毎年異なる集団と新しく出会い直し続ける中で、子供達をじっくり観るパフォーマンスの練習と本番を繰り返してきた賜物です。

　本章ではそうした現場の実践に飛び込む前に、まず仲間と安心な場で練習をします。皆さんが子供達をどんな風にみて、子供達からどんな風にみられるよ

うな存在になっていくのか今からとても楽しみですね。

[3-5] 自分がみえているものしか操作できないことの自覚性

　みるパフォーマンスを練習する前に、人間は自分がみえているものしか操作できない、ということについてお話をしておきます。繰り返しになりますが残念なことに、ベテランの先生にとっても、教室内の状態を瞬間的に隅々まで観ることは人間の能力を超えたものになります。ベテラン教員はこうした人間の限界を理解しているので、子供達の普段と違う点にアンテナを立て子供の状態をじっくり観ています。「いつもはあの３人組で一緒にいるのに今日のあの子は別のグループにいるな」とか、「普段は落ち着いているのに今日はやけに元気だな」とか、普段を知っているからこそ、その状態との違いから子供達の様子を見取っているのです。ベテラン教員であっても日頃から、自分がみえている限られた範囲の中でどのようにやりくりしていくのかを考えています。

　だからこそ、特に新任教員は、自分が何をみているのか、何がみえているのかを自覚しておくことが非常に重要になります。自分がみているものが何かを把握していなければ、適切な指導は行えないからです。もちろん、このことは新任教員に限ったことではありません。私達は普段「全てがみえている」と過信しないことが大切です。先入観を持って人に接すると、そのときその場での相手のパフォーマンスの意図を見失うことになります。例えば、放課後あなたが忙しくしているところへ普段明るくて元気な子がやってきたとします。

　生徒「先生、今、暇？」

　あなた「暇じゃないけど、何？」

　生徒「なんかさー……」

　あなた「何？ 相談？」

　生徒「いや、相談じゃないんだけど」

　あなた「じゃあ、明日でもいい？ 私、忙しいんだよね、ごめんね」

　生徒「わかった！ いいよ。じゃあね！」

　そう言って、その子は帰っていきました。そしてその次の日、その子は帰らぬ人となってしまいました。自ら命を絶ってしまったのです。

　これは架空の設定の話ですが、普段元気でヤンチャであること、相談ではな

いと発言していたとか、子供が笑顔だったとか、そうした様子だけをみて、教員は「明日でも大丈夫」と判断してしまったとします。結果として、最悪の事態を招いてしまいました。表面的な子供のパフォーマンスに引きずられ、自分がみえていることだけで判断した結果でした。

仮に、自分がみえているものしか操作できないことを自覚することができていたら、「自分にはみえない何かがあるのかもしれない」というアンテナを立てることができていたら、先入観をペンディングし、「話しかけてきた」という子供のパフォーマンスをそのまま受け入れていたら……。最悪の事態は防ぐことができたのかもしれません。それは、誰にもわかりません。

私は、人間とは自分がみえているものしか取り扱うことはできない存在だということを、真摯に自覚しておくことが大切だと思っています。それが、教員としての大切な資質だと強く思っています。最悪の事態を招いてしまうのは、子供達を取り巻く周囲の人間の過信が生み出す結果だと思っているからです。「私はちゃんと指導ができている」「私は子供達をちゃんと見取っている」という過信が、子供達のSOSを見逃してしまうことになります。皆さんは、自分がどれくらい世界をみることが出来ていると思っていますか。

さて、基礎編では、目の前にあるありのままの状態を受け入れる練習をします。何かをみるとき、まずは先入観をペンディングして自分が何をみているのかを意識しましょう。あなたが周囲の人にみられている場合には、「自分がどう思われているのか不安……」という先入観をペンディングしてください。あなたのことを心から応援してくれる仲間がそこにいるだけですから！

では、3種類のみるパフォーマンスの練習をしていきましょう。レッツ、パフォーマンス！

[3-6] みるパフォーマンス：イエスアンドオブジェクト（インプロゲームエクササイズアーカイブス 28, 29 より）

[用意するもの]
・片手で持てるモノ

[手順]
(1) 4人組をつくります。

(2) 最初の人が「モノ」を片手に持ち、じっくり観察し、モノの特徴を1つ挙げます（例：これは、丸いです。）。
(3) 次の人に「モノ」を渡してください。次の人はそれを受け取り、じっくり観察して、別の特徴を1つ挙げます（例：ニオイはしません。）。
(4) 同じように全員に渡し、特徴を1つずつ加えていきます。全員が共通して認識できるものであれば、どんな特徴でも構いません。ただし、みた目ではわからないような特徴（例えば「これは京王デパートで買いました」といったように、本人しかわからないような情報。「ここに京王デパートと書かれたシールが貼ってあります」は客観的な情報なので○）は加えられません。
(5) 制限時間は5分。時間内であれば何周もして特徴を加えてください。
(6) 次は難易度アップ課題です。架空の物語を作ります。
(7) 先ほどと同様に、最初の人が「モノ」を片手に持ち、今度はみてわからない情報を加えていきます。例えば「これは魔法の薬です」のように。
(8) イエス・アンドを忘れずに。前の人の発言がなければ思い付かないような続きを加えてください。例えば「これは魔法の薬です」と言った後に「これは体を洗う石鹸です」と言って、前の人の発言が無かったことになってしまうような続きは加えられません。制限時間は5分。
(9) 終わったらp.78の学びのふりかえりをしてください。

[3-7] みるパフォーマンス：ビームスピーチ（インプロゲームエクササイズアーカイブス88より）

［手順］

(1) 4人1組になり、スピーカー（スピーチをする人）を1人決めます。スピーカーは前に立ちます。
(2) オーディエンスはイラストのように「ビーム」を出せるポーズを取ります。スピーチが始まったらスピーカーと目を合わせ、目が合わなくなったら、腕を下ろしていきます。下ろすスピードは「1、2、3」秒で、腕が肘を支点に90度下がり、スピーカーに人指し指が向くように。オーディエンスはビームの指先がスピーカーの方に向いたら「ピーピーピー」と警告音を出します。

(3) スピーカーはオーディエンス全員と目を合わせながらスピーチをします。警告音が鳴ったら速やかに警告音を鳴らしているオーディエンスと目を合わせましょう。あるいは、警告音が鳴っても動じずにスピーチを続ける練習にしてください。スピーチの時間は30秒〜60秒で設定します。オーディエンスは、目が合ったらすぐに腕をリセットして最初の位置にセットし、目が合わなくなったら再び腕を下ろし始めます。

　　　※難易度アップの工夫：より長いスピーチ／より早く腕を下ろす

(4) 終わったらp.78の学びのふりかえりをしてください。

［スピーチテーマ］

　自己紹介、私の好きな場所、行ってみたい国・地域、将来の夢、お金が無尽蔵にあったら挑戦してみたいこと、私が大切にしていること、など。

[3-8] みるパフォーマンス：ラウンドスケッチ（奥村, 2022より）

［用意するもの］

・人数分の紙とペン ✏️（ペンの色や太さなどの種類はメンバー内でそろえると良い）

　　［手順］
(1) 4人組をつくります。
(2) p.77の絵を「できるだけ正確に」模写します。
(3) 60秒経ったら、書いている紙を時計回りに隣の人に渡します。
(4) あなたのところに回ってきた紙に、模写の続きを描きます。
(5) 30秒経ったら、同じように紙を時計回りに回して、次の紙に模写の続きを描きます。30秒描いたら回す、をあと6回やると、自分のところに最初に自分が書いた紙が戻ってきます。
(6) 最後の30秒で仕上げて完成させます。

(7) 終わったら p.79 の学びのふりかえりをしてください。

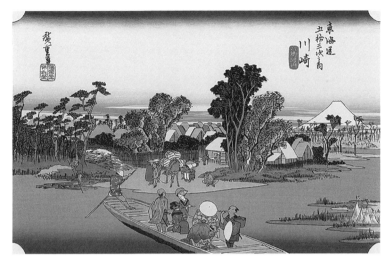

（歌川広重「東海道五拾三次 川崎 六郷渡舟」1833年頃）

[4] 応用編：授業観察をしよう！

　基礎編のトレーニングはいかがでしたか。応用編では授業の空間に飛び込んで、授業がなぜ授業として成立しているのか、教員の工夫を「観て」もらいたいと思います。教員がどんな動きをしているか、その動きの裏にはどんな工夫があるのか、皆さんで観察してみましょう。

　［手順］
(1) 1グループ10人くらいに分かれます。
(2) 授業プリント（p.81）を生徒数だけ用意します。
　　先生（1名）：p.79の［先生の指示］に従いながら授業を実施します。
　　生徒（9人〜）：授業を受けながら表5-1を埋めましょう。
(3) 終わったら、p.79の学びのふりかえりをしてください。

表 5-1　授業観察メモ

ポイント	教員の動き	みえない工夫 (教員の動きの裏にはどんな工夫があるのか)
例	前に立つ	生徒全員から見える、生徒全員が見えるように
1		
2		
3		
4		
5		
6		
7		
8		
9		
10		

[5] 学びのふりかえり

＊イエスアンドオブジェクトをやってみて
・どれくらい特徴を言えましたか？何周しましたか？
・他の人のアイディアであなたが気付かなかった点は何でしたか？
・もし、あまり特徴がないものをお題にして行き詰まってしまった場合、「特徴のない子供」に対しても同じように行き詰まってしまうでしょうか？そのとき、どんな風に乗り越えたいですか？

＊ビームスピーチをやってみて
・スピーチの内容にどれくらい集中できましたか？　堂々とできましたか？
・誰が一番みやすかったですか？　それはなぜですか？
・相手の目をみることにどれくらい抵抗感がありましたか？
・仲間のスピーチをみて感じたことや真似したいと思ったことは何ですか？

＊ラウンドスケッチをやってみて
　・一番最初に描き始めたのはどこですか？それはなぜですか？
　・仲間の紙が回ってきた時に最初に感じたことは？
　・仲間の紙に書き足していく過程で気付いたことは？
　・あなたの紙が戻ってきたときに、予想通り！と思いましたか？それとも全然違う！と思いましたか？どこが違いましたか？
　・完成した絵と元の絵は何が同じで何が違いましたか？

＊授業観察をやってみて
　・あなたの表と、仲間の表を比べてどうでしたか？
　・仲間の気付きの中であなたが気付かなかった点は何でしたか？それはなぜですか？
　・授業内の教員の動きで、あなたが納得できないことはありましたか？それはなぜですか？あなたならこうした！と思うことは何ですか？
　・その他、気付いたことは？（先生役は先生として気付いたことを！）

［先生の指示］
(1) ※(6)の指示終わりまでは教壇の位置から動かないこと
　　これから授業を始めます。＿＿＿＿さん、号令をお願いします。
(2) はい、今日はみんなでラーメンのレシピを考えます！が、その前に、皆さんはなぜご飯を食べるのでしょうか？わかる人？（もしいたら、その人を当てて、いなければ一番前の端に座っている人に）はい、では＿＿＿さんお願いします。
(3) （回答を聞いて）うん、なるほどね。では、他には？（手を挙げてくれた人がいればその人に、いなければ発言者の隣の人に当てる）
(4) （回答を聞いて）うん、なるほどね。ありがとうございます。みんなの身体をつくったり動かしたりするのに必要だから、ご飯を食べるんだよね。じゃあ、少しでも健康な身体でいるために、バランスの良いレシピを考えようではありませんか！（元気よく！左手の人差し指を高く掲げて）拍手！（と言って拍手を煽る）

(5)（拍手が静まったのを待って）はい、では、今からプリントを配ります。お隣の人、後ろの人に「どうぞ」と笑顔で目をみてプリントを渡してください。（といって、真ん中の人にプリントをまとめて渡す）あぁ、＿＿＿さん、笑顔がいいですね。（など、プリントを渡している人たちの様子を褒める）

(6)（プリントが行き渡ったのをみて）はい、全員プリントを受け取りましたか。プリントをみてください。プリントの一番上に、「五大栄養素」という文字が大きく書いてありますね。食べ物は、それぞれの栄養成分によって、大きく5種類に分類することができるんです（**ここで初めて歩き始めて、机の間に入り、ランダムに1人当てる**）。では、＿＿＿さん、五大栄養素にはなにがあるのか、5種類を教えてください。

(7)（読み終わったのを聞いて）はい、ありがとうございます！ 皆さん＿＿＿さんに向かって拍手！（といって拍手を促す）

(8)（拍手が静まったのを待って）では、今からお隣の人とペアを組んで（奇数の場合には3人組で）、それぞれの栄養素から「これはラーメンに入れたら美味しいだろう！」というものをバランスよく選んでレシピを考えていただきます。時間は2分間です。やることがわからない人はいますか？（いたら適宜説明をしてください）

(9)では、相談開始！（と言って、2分間を計る。机間指導[1]をしながら美味しそうなラーメンのレシピを探す。いたら）わぁ！このペアは＿＿＿の栄養素として＿＿＿を入れているねぇ、美味しそうだねぇ。（と、みんなに聞こえるように言い、何組かを見付ける）

(10)（2分後）では、時間になりましたので、＿＿＿さんと＿＿＿さんのペアのレシピを発表してもらいたいと思います（といって、探しておいたペアに発表させる。座ったままではなく、立って発表させる）＿＿＿さん、＿＿＿さん立ち上がってください。私に向かってではなく、皆の方を向いて、考えたレシピを発表してください。皆さんは＿＿＿さんと＿＿＿さんのレシピに何か参考になる具材があるかもしれませんのでよく聞いてください（といって聞き手の振る舞いについても声をかける）。

---

[1] 机間指導には直接声をかける指導もあれば声をかけずに見守り子供達の学びの様子を把握する間接指導もあります。どちらも大切な机間指導です。

(11)（発表後）はい！____さん、____さん、ありがとうございました！皆さん拍手！（といって促す）

(12)（拍手が鳴り止むのを待って）ということで、来週は実際にこのレシピでみんなでインスタントラーメンをつくりたいと思います！

→はい、ここで模擬授業は以上です（といって授業を終える）

[授業プリント]　　出席番号____　　氏名：_____

めあて：バランスの良いラーメンのレシピを考えてみよう！

五大栄養素とは？
　①炭水化物（糖質）、②タンパク質、③脂質、④ビタミン、⑤ミネラル（無機質）のことで、食物の中に含まれているさまざまな物質のうち、生命活動を営むため人間の身体に必要な成分のこと。

ラーメンのレシピ：

① （　　　　　）が多く含まれた食材

② （　　　　　）が多く含まれた食材

③ （　　　　　）が多く含まれた食材

④ （　　　　　）が多く含まれた食材

⑤ （　　　　　）が多く含まれた食材

ふりかえり 4つの木！

未来のあなたへのメッセージ

①気に入ったこと、②気になること、③気付いたこと、④キープしておきたいことを書き留めておこう！

supporting / scaffolding
支える

> 　目の前にいる子供達は、あなたとは異なる別の人間です。経験も、考え方も、心地よいと思う学び方も、楽しいと思うことも、あなたと全く同じであることはあり得ません。こんな当然のことを、毎日子供達と関わっていると不意に忘れてしまいそうになります。「どうしてこんな簡単なことができないのだろう？」とか「今、言ったばかりなのに！　聞いてなかったの？」とか、自分ができることは相手も当然できると無意識に思ってしまう瞬間が必ず訪れるのです。
> 　当たり前は、日頃自覚しないからこそ当たり前になってしまうのかもしれません。本章では、そうした当たり前にもきちんと向き合えるように、指導の基本に立ち返りながら、多様な子供達を支えるパフォーマンスをしていきます。

　これまで、他者とパフォーマンスをしてきたあなたなら「同じ教員になるという興味関心を持つ仲間でも、いろんな人がいるなぁ」と感じてきたことでしょう。あなたが簡単にできることに仲間が苦戦している様子をみて「大変そうだなぁ」と思ったり、逆にあなたの苦手なことを仲間が簡単そうにこなしている姿をみて、「いいなぁ」と羨んだりしたのではないでしょうか。本章ではそれらの多様性に出会った経験を最大限に生かしてください。支えるべき対象である子供達こそ多様で、彼らに対する支援はそれぞれ異なるからです。

　残念なことに、支援の方法には正解もなければ、絶対に成功する方法もありません。得意なこと・苦手なことが異なる子供達に対して、どんな支援が適切かということは子供達と対話的に関わりながら探っていくしかないのです。そのとき、その瞬間の支援の最適解を見極めることこそが教員の仕事といっても過言ではないでしょう。

　例えば、普段は話すことが得意な子であっても、「今日はあんまり話したくない……」と日によってその子の状態は異なります。そうすれば、支援のあり方も異なります。「そうか、今日はみんなの話をじっくり聞ける日だね」と声をかけてあげることが最適解かもしれませんし、「いや、それでも挑戦してみようよ！」と励ますのが最適解かもしれません。そうしたひとつひとつの試行

錯誤の積み重ねが、学級という集団を作っていくことにつながります。教員が子供達ひとりひとりを大切にするからこそ、学びのチームになっていくのです。

本章ではこれまで以上に、他者との関わり方そのものに意識をしてみてください。仲間を支えながら「どれくらい支えたら丁度いいんだろう？　もうちょっとヒントをだそうかな。いや、ここは黙って見守ろうかな」とか「ここは積極的に声かけようかな、なんだか困っている様子だからすぐに反応しよう！」とか、その場での即興のパフォーマンスを楽しんでほしいと思います。

何度でも繰り返したいことですので、もう一度言いますが、他者の支え方は、人によってもその人のその日の状態によっても異なります。そうした多様性に出逢いながら、他者を支えるという即興の共同を楽しみ、未来に出会う子供達を支えるためのパフォーマンスを練習していきましょう！

［1］「支える」際のポイント

支える際のポイントは「足場かけ[1]」の視点を持っておくことです。足場かけとは家を建てるときの足場をかけることから来ている言葉です。足場は家を建てる前に組み、家が完成するまで家の支えとなり、家が完成したら崩すものです。家を子供に見立てた場合、大人は足場です。子供の成長過程で適切な学びの環境を作り、支え、子供がそれらの支援が不要になったらスッと引く。これは、ヴィゴツキーの発達の最近接領域（Zone of Proximal Development）の考え方に基づくもの（コラム10参照）で、今はひとりでできないことも、仲間や大人の助けがあればできる、未来にはひとりでできるようになることを含意した発達のための支援のあり方を表しています。

本章では、この足場かけを「どれくらいかけたらいいのかな？」ということを練習します。足場かけとは、何でもかんでも子供のためにやってあげるということではありません。子供の状態によって適切な足場かけの量や質は異なります。

1　ウッドら（1976）が提唱したスキャフォルディング（scaffolding）の日本語訳です。日本語では「一人では成し遂げられない目標や実践への参加に対して、適切な援助が与えられることで課題達成を可能にすること（河野, 2019）」として使用されています。

このことについて文部科学省（2021）は、子供に合わせた指導のあり方を「**指導の個別化**（子供一人一人の特性や学習進度、学習到達等に応じ、指導方法・教材や学習時間等の柔軟な提供・設定を行う）」と「**学習の個性化**（教師が子供一人一人に応じた学習活動や学習課題に取り組む機会を提供することで、子供自身が学習が最適となるよう調整）」という言葉で説明し、「個に応じた指導」の必要性を強調しています。ちなみに、これを学習者の目線で説明した概念が「**個別最適な学び**」です。子供達ひとりひとりが異なる存在なわけですから、その子供達それぞれにとっての最適な学びも異なります。

　教員はどの子供にも同じだけの足場かけをするというわけではなく、子供達それぞれに合致した学習を提供するんだよということが公的に認められ、むしろその方法で指導することが推奨されています。例えば、黒板の文字を写すのが苦手だったり、話の聞き取りが苦手だったりする子に対して、黒板の写真撮影を予め許可するということは、ひとり1台のタブレット端末配布がされるようになってからはよくある光景です。

　このように教員は、個別最適な学びの場を提供することが求められるわけですが、ただ個に応じた指導だけをしていれば良いというわけではなく同時に「**協働的な学び**」の重要性も強調されています。文部科学省（2021）は「多様な他者と協働しながら、あらゆる他者を価値のある存在として尊重し、様々な社会的な変化を乗り越え、持続可能な社会の創り手となることができるよう、必要な資質・能力を育成」することも学校教育の重要な役割だと説明しています。

　つまり基本的には、子供達の集団での学びを支える場づくりが教員の仕事でありますが、ちゃんと集団を形成する個々の子供達にも目配せをしてね、ということが強調されているわけです。イメージとしては全体を支えながら、その集団からこぼれ落ちないように個々も支えていくといった感じです。

　とは言っても、どちらも上手に実践するということは果たして可能なのでしょうか。「みる」の章でも学びましたが、人間には限界があります。自分がみ

えているものしか扱えないという制限があるので、集団も大事にして個人も大事にする、ということは可能なのでしょうか。そのようなイメージは湧きますか。

　「個別最適な学びと協働的な学びが同時に起こっている！」ということを説明するために、私の経験を少しだけ紹介します。この原稿を書き終えるちょっと前に、中学1年生の総合的な学びの時間に携わる機会がありました。その学習の目的は「自分たちの学校史を知ること、それを学園祭で訪れたお客さんに自分たちなりに表現できるようになること」でした。

　授業の冒頭で、この目的を達成すればどのような手法を選んでもよいと伝えたところ、子供達は自分達の得意不得意を考慮して発表の方法を選んでくれました。文字やイラストを書くのが得意だから新聞にまとめるというグループ、ICT機器が得意なのでパワーポイントにまとめたいというグループ、身体表現が得意なので動画にしたいというグループといったように、多様な手法で取り組んでくれることになったのです。

　グループごとに自分達で課題を調整させた結果であった上に、全員に全く同じことをさせる必要がないということをわかってはいたものの、我々教員サイドは「うまくいくかな？」という不安を抱えながらのスタートでした。実際に、グループそれぞれが異なる手法を選んだことで、それぞれのグループに異なる課題がありました。新聞のグループは「調べた内容をどう配置したらいいの？っていうか、これをプレゼンするの？　緊張するよ！」と照れていましたし、動画のグループは、落ち着いて作業をすることが苦手で撮影のための脚本がなかなか決まらず「こんなんじゃ、期限までに間に合わないよ！」と人間関係のトラブルに発展していました。

　それぞれのグループが、それぞれの課題を丁寧に乗り越えようとする過程に非常にヤキモキしましたが、教員が彼らに寄り添い、それぞれの課題に適切に足場かけを試みているのが、私には印象的で感動的でした。

　ときに「今日は、あそこのグループの揉め事を、ちょっと何も言わずに我慢してみていました」と協働の学びを支えるためにグッと堪える指導をしたり、「識字に課題のある子がいるので、スライド原稿を印刷して振り仮名を記入させて原稿を読むように指導しました」と個人の学びを支えるための工夫を用意したり、子供達の「協働的な学び」と「個別最適な学び」の場を作り出してい

る様子を、まざまざとみせつけられたのです。「そうか！目の前の子供達を集団として支えながら、個別の子供達に寄り添えばいいのだ！頭で考えるのではなく、とにかく、パフォーマンスだ！」と改めて教えられた瞬間でした。

　学園祭当日は、それぞれが緊張しつつも全力を尽くして頑張っている姿が圧巻でした。原稿から顔を上げて、お客さんの方をみながら一生懸命に発表する姿は本当にたくましかったです。こういう瞬間に立ち会えるということが、教員冥利に尽きるなと胸がいっぱいになりました。

　さて、このように現場では、今日も先生方が子供達の協働的な学びと個別最適な学びを支えています。皆さんもその仲間になっていくわけです。「教科書のこんな理想的な状態、無理でしょ！」と思わずに、ひとつひとつのパフォーマンスを大切に、子供達の学びを支える練習だと思って本章の課題にも取り組んでほしいと思います。

　学校とは、いつかは教員が不要な自律した状態を目指して、そうした未来に向かって、みんなで生きていく練習の場所として機能しているはずです。言い換えれば、学校空間は子供達という個々の家がきちんと建つように、教員が多様な足場かけをする場所なのです。

　足場かけのひとつひとつが、頭の中を飛びだした現実世界のパフォーマンスによって行われることを考えれば、足場かけのための練習も必要になると思いませんか。子供達との毎日のやり取りの中で、あなたが教員として行う足場かけが子供達にどのように影響を与えるのか楽しみになってきませんか。そしてお察しの通り、いつか必ず、子供達には卒業の時期が訪れます。そのとき、教員は自らを不要な足場として崩し、別れを告げる必要があります。卒業のとき、あるいは学年を終えるとき、あなたはどんな状態の子供達を未来に送り出すのでしょうか。

[1-1] 足場かけの心構え　その1

　さて、足場かけの練習はこの後のウォーミングアップ以降でパフォーマンスしてほしいと思いますが、ここでは2点、事前に足場かけの際の心構えをお伝えしておきます。

　1点目は、グッと堪えて待つということです。先ほどの実践例でも説明しま

したね。教員は何かを積極的にやってあげたくなるものですが、子供達が何かをやろうとするまで積極的に待つことも求められる支援のあり方の1つです。

　教員は大抵、指導する「そのこと」について得意なはずだと思います。それについての専門知識があるわけですから、いつでもどこでも、それについて答えられるでしょう。例えば、次のシーンはよくある授業場面です。

　教員「この問題がわかる人？」

　生徒「……」

　教員「誰もいない？　先週やったじゃん！　これは……」

と、子供達の反応を待てず、教員が先に答えを言ってしまいました。このようにうっかりすると「私がやってしまった方が早い」という教員の能力を示す自慢大会が起こってしまいがちです。「だって、誰かが答えるまで待っていたら授業が進まないじゃない？　やるべきことはたくさんあるのに、1コマ50分しかないんだからしょうがない！」と教員の都合で待てないことはよくあることでしょう。

　私自身も、「先週何やったか覚えてる？」と学生に問いかけたとき、すぐに答えが返ってこないと自分で「服務……？」と半分答えを言ってしまいます。その度に「あぁ……待てなかった。もっと他のやり方あったよね？　何をやったか隣同士で10秒でも相談させる勇気を出せばよかったじゃない！」と反省します。

　子供達に何かを投げかけたとき、かつて自分は周囲にどんな風に支えてもらったら安心したのかを思いだしてください。「すぐに声をかけてほしかった」「もうちょっと待っていてほしかった」「ニコニコしていてほしかった」「発問をもっと工夫してほしかった」など、様々なパフォーマンスを期待したでしょう。そうした支え方も、そのタイミングも、人によって異なるでしょうから、ときにはグッと堪えるという支え方自体も本当に適切か、足場をかけながら対話的に探ることができたら素晴らしいと思います。

[1-2] 足場かけの心構え　その2

　足場かけをする際の心構えの2点目は、子供達からあなたも支え方を教えてもらっている、つまり、足場かけの学習者であるという謙虚さを持ち続けるこ

とです。完璧な人間がいないように、完璧な教員はいません。学校教育の目標が人格の完成であるように、教員も人間ですから、教員は教員としての完成を目指していく必要があります。それは、あなたが教員として子供達を指導しながら、最適な指導とは何か、その多様性を教えてもらい続けるということです。実際に日々、いつもと同じ指導をしているようで、子供達に合わせて即興で、教員は子供達の支え方を子供達自身から教わっています。

教員「この式、解けた？」
生徒「わかりません」
教員「どこがわからない？」
生徒「何がわからないのかがわかりません」

上記のように子供に言われたとき、教員は「この子はどこでつまづいているんだろう？」とか「どこまでわかっているんだろう？」とか「自分の教え方が下手なのかな？」とか、「何て伝えたら伝わるかな？」とか、色々なことを考えるでしょう。そして、子供と対話しながら、どのように指導していけば良いのかを、その場で即興的に探りながら、子供達の学びを支えているはずです。子供達に対する支え方は似ているようで、本当は全て異なっているのです。

集団での足場かけも同じです。毎年クラスのメンバーは変わりますし、同じクラスの子供達でも、日によって出席している子供達の状態は異なります。どんな表情で、どんな声をかけるのか、教員のパフォーマンスひとつで、その場の雰囲気は変わっていきます。

教員「はい、じゃあ聞いてー」
生徒達「ザワザワ……」
教員「何で静かになれないのかな？ はい、ちゃんと話聞いて！」
生徒達「シーン……」

静かにならない状態にイラっとするとき、思わず言ってしまうセリフ、色々ありますよね。そんなとき「今日の私の声かけ、良かったかな」とか「そもそも静かにならなかったのは私の話しかけたタイミングが悪かったんじゃないかな」とか「今日はもうちょっと笑顔で話せたら良かったな」とか、より良い教員は常に、子供達をどう支えるのかということを試行錯誤するものです。このように、**教えることは、教え方の学び続け**であり、教員は、常に「私も、子供達

に教えてもらっているんだ」という謙虚な姿勢であることが大切なのです。支える側として共同しているつもりだったパフォーマンスが、あなた自身も子供達から支えられている共同をパフォーマンスしているということに気付けたら、より良い教員に一歩近づくのだと思います。

さて、「足場かけ」のポイントの説明が長くなってしまいましたね。私の足場かけは果たして、皆さんのパフォーマンスを支える適切な足場かけだったでしょうか？ お待たせしました。ここから、レッツ、パフォーマンス！

[2] ウォーミングアップ：水平思考ゲーム（古川，2019より）

① 「出題者1名」と「回答者（何名でもOK）」を決めます。
② 「出題者」は、下記の問題を出します。
③ 「回答者」は、「出題者」が「はい」か「いいえ」か「わからない」で答えられる質問をして、問題の答えを導き出します。
④ 「出題者」は、回答者が正解したら（p.103の解答の鍵の内容が答えられたら）「正解です」と言ってゲームを終わらせます。

［問題：うれしくない感謝］（答えは p.103）

「ありがとう」という5文字をみてミノルさんは後悔した。
　一体、なぜ？

［ポイント］

◎回答者は答えがわかってもすぐに答えを言うのではなく、周りの回答者もわかるような質問をします。これが一番の「支える」練習です。回答者の最後の1人が正解をわかるまで、周りの回答者はヒントとなる質問を繰り返してください。関係ないかも？ という質問も、場への貢献です。遠慮なくどんどん質問してみましょう。

[3] 基礎編：学級・ホームルーム経営をパフォーマンスしよう！
[3-1] 学級・ホームルーム経営とは？

　学級・ホームルーム経営とは、学級（ホームルーム）目標設定、好ましい人間関係や集団づくり、生徒指導、教室環境の整備、保護者との連携、各種学級（ホームルーム）事務など（文部科学省, 2005）を通して、児童生徒の発達を支援する営みのことです。「経営」という言葉は、組織の枠組みを重要視する印象を生むかもしれませんが、学級・ホームルーム経営は、クラス運営が目的になるのではなく、児童生徒の発達が最終目的です。集団の中でひとりひとりが輝ける場づくりや、悩んでいる児童生徒に寄り添った個別のカウンセリングも、学級経営のための活動に含まれます。

　文部科学省は学習指導要領解説の「児童の発達の支援」「生徒の発達の支援」の項目で学級経営・ホームルーム経営の重要性を説明しています。表6-1にその内容をまとめましたが、さらに表6-1の学級経営のポイントをまとめると下記の3点になります。

　（1）児童生徒理解に努めて発達支援を行うこと
　（2）集団の中で規範意識や主体性を育成すること
　（3）開かれた環境で、周囲と連携して一緒に支援すること

　上記のそれぞれがどのように記載されているのかは、表6-1を読んで確認してください。わかりやすくいえば、安心した環境で皆で学ぶためにはルールを守る必要があること、そのために教員が児童生徒をきちんと理解し、ルールを守りたくなるような安心の場を支えること、それが児童生徒の発達を支えるのだということ、ただし、ひとりでではなく、他の教職員・保護者・地域と連携してチーム学校としてやってね、ということです。

　基礎編では、3つのインプロ（＋α）を実施します。即興で、仲間と共同しながら互いを支え合い、その多様性に慣れていく練習をしていきましょう。さぁ、心と身体を動かす準備は出来ましたか？

表6-1 学習指導要領に定められた学級経営に関する内容（文部科学省，2018・2019をもとに作成）

学校種	小学校 （特別支援学校小学部）	中学校 （特別支援学校中学部）	高等学校 （特別支援学校高等部）
学級経営の重要性が含まれる項目	児童の発達の支援	生徒の発達の支援	
	（児童生徒の調和的な発達を支える指導の充実）		（生徒の調和的な発達を支える指導の充実）
学級経営の必要性	学習や生活の基盤として、教師と児童生徒との信頼関係及び児童生徒相互のよりよい人間関係を育てるため、日頃から<u>学級経営の充実を図ること</u>。また、主に集団の場面で必要な指導や援助を行うガイダンスと、個々の児童生徒の多様な実態を踏まえ、一人一人が抱える課題に個別に対応した指導を行うカウンセリングの双方により、児童生徒の発達を支援すること		
	※小学校・小学部は児童、中学校・中学部・高等学校・高等部は生徒と表記されている。以下、同様。		
補足	あわせて、小学校（小学部）の低学年、中学年、高学年の学年の時期の特長を生かした指導の工夫を行うこと	記載なし	
前提	記載なし		（1）教育は<u>個々の生徒のもつ能力を最大限まで発達させることを目指すもの</u> （2）個々の生徒の特性等を的確に捉え、その伸長・発達のために、<u>高等学校教育の全教育活動を通じて、適切な指導・援助を行う必要がある</u>
学校とは	児童生徒にとって<u>伸び伸びと過ごせる楽しい場</u>		生徒にとって<u>安心感がある場</u>
学校の役割	（1）児童生徒一人一人は興味や関心などが異なることが前提 （2）児童生徒が自分の<u>特徴【個性】</u>に気付き、<u>よい所を伸ばし【可能性を発揮し】</u>、自己肯定感をもちながら、日々の学校生活を送ることができるようにする		
	※【】内は高等学校の表記、（）内は特別支援学校の表記。以下、同様。		
学級・ホームルームとは	（1）学級【ホームルーム】は、<u>学習や学校生活の基盤</u> （2）学級【ホームルーム】担任の教師の営みは重要 （3）学級【ホームルーム】担任の教師は、学校・学年経営【学年、課程や学科（学校、学部、学年や学科）】を踏まえて、<u>調和のとれた学級経営の目標を設定し、指導の方向及び内容を学級経営案として整える</u>など、学級【ホームルーム】経営の全体的な構想を立てるようにする必要がある		
最も重要なこと	（1）児童生徒一人一人の実態を把握すること、すなわち確かな児童生徒理解 （2）日ごろのきめ細かい観察を基本に、面接など適切な方法を用いて、一人一人の児童生徒を客観的かつ総合的に認識すること （3）日ごろから、児童生徒の気持ちを<u>理解しようとしたり、愛情をもって接したりすること</u> （4）学級を一人一人の児童生徒にとって<u>存在感を実感できる場</u>としてつくりあげること		

規範意識の育成	(1) 必要な場面では、学級【ホームルーム】担任の教師が毅然とした対応を行う (2) （児童生徒の障害の状態や特性及び心身の発達の段階等を踏まえた分かりやすい説明に努めながら）<u>相手の身になって考え、相手のよさを見付けようと努める学級</u>（相手のよさに気付いたり、よさを見付けようと努めたりする学級）、互いに協力し合い、自分の力を学級全体のために役立てようとする学級【<u>相互理解と協調に努めるホームルーム</u>】、言い換えれば、児童相互の好ましい人間関係を育てていく上で、<u>学級の風土を支持的な風土につくり変えていくこと</u>【規律ある生活及び集団づくり】が大切
主体性の育成	集団の一員として、一人一人の児童生徒が安心して自分の力を発揮できるよう、日ごろから、児童生徒に<u>自己存在感や自己決定</u>【意思決定】の場を与え、その時その場で何が正しいかを判断し、自ら責任をもって行動できる能力を培うこと
気をつけなければならないこと	<u>教師の意識しない言動や価値観</u>が、児童生徒に感化を及ぼすこともあり、この見えない部分での教師と児童との人間関係にも十分配慮する必要がある
チーム学校として	(1) 校長や副校長、教頭の指導の下、学年【学年・学科】の教師や生徒指導の主任、さらに養護教諭など他の教職員と連携しながら学級【ホームルーム】経営を進めること (2) <u>開かれた学級</u>【ホームルーム】経営の実現を目指す 【(3) 特に、学年や学科（学部・学年・学科）というまとまりを大事にする高等学校（高等部）においては（学部主事,）学年主任や学科主任の果たす役割も大きい】
保護者や地域との関わり	(1) 家庭や地域社会との連携を密にすること (2) 保護者との間で、<u>学級通信や保護者会、家庭訪問などによる相互の交流を通して</u>【<u>日頃から連絡を取り合い</u>】、児童生徒理解、児童生徒に対する指導の在り方について共通理解をしておく
発達支援の重要性	全ての児童生徒が学校や学級【ホームルーム】の生活によりよく適応し、豊かな人間関係の中で有意義な生活を築くことができるようにし、児童一人一人の興味や関心、発達（障害の状態や特性及び心身の発達の段階等：高等部には記載なし）や学習の課題等を踏まえ、児童生徒の発達を支え、その資質・能力を高めていくことは重要
ガイダンスとカウンセリング	児童生徒の発達の特性や教育活動の特性を踏まえて（児童生徒の障害の状態や特性及び心身の発達の段階等や教育活動の特性を踏まえて）、あらかじめ適切な時期や機会を設定し、<u>主に集団の場面で必要な指導や援助を行うガイダンス</u>と、個々の児童生徒が抱える課題を受け止めながら、その解決に向けて、<u>主に個別の会話・面談や言葉がけを通して指導や援助を行うカウンセリング</u>の双方により、児童生徒の発達を支援すること

※括弧内の表記がない場合には、小学部・中学部・高等部ともに小学校・中学校・高等学校と同様
※下線は筆者による

[3-2] 支えるパフォーマンス：インプロ川柳（ロブマンら, 2007より）

[手順]

(1) 3～4人組をつくります。
(2) 1人1音か2音ずつつなげて「五七五」をつくります。
(3) お題は［テーマ例］から自由に選びます。テーマ例によっては、表6-1をじっくりみながら作成しましょう。
(4) 終わったら、p.102の学びのふりかえりをします。

第6章 支える

［ポイント］
- あなたひとりで全てを決めようとしないこと。
- 次の人がつなげやすい音で続けること。
- 思い付かない人がいても「〇〇があるじゃん！」とヒントを出さないこと。
- 思い付かない人がいたら「なんでもいいよ」「大丈夫だよ！」と応援します。

［テーマ例］
　学校、児童生徒、学級経営、学級経営の必要性、学校の役割、学級・ホームルーム、児童生徒理解、規範意識、相互理解、良い学級風土、自己存在感、自己決定、主体性、主体性の育成、学級経営で気をつけること、チーム学校、開かれた学級、保護者、保護者や地域との関わり、発達、ガイダンス、カウンセリング、友達、教員、授業、クラス、指導、安心、安全、居場所、昼休み、部活動、校庭、プール、教室、叱ること、生徒指導、校長先生、担任、黒板、視聴覚室、家庭科室、理科室、音楽室、失恋、遊び、葛藤、幸せ、人生

［3-3］支えるパフォーマンス：私は木 （ロブマンら, 2007 より）

［手順］
(1) 3～10人組をつくり、円になって立ちます。
(2) 誰か最初の人が真ん中に立って「私は木です」と言いながら自由に木のポーズをします。ポーズを取ったら動かずにストップモーションで立ちます。
(3) 2人目がその木に「何か」を付け加えます（例：「私は木にぶら下がる猿です」と言いながら自由に猿のポーズをします）。2人目もストップモーションです。誰が入っても構いません。順番はありません。
(4) 3人目がさらに「何か」を付け加えます（例：「私はその猿が狙っているリンゴです」と言いながらリンゴのポーズをします）3人目もストップモーションです。誰が入っても構いません。順番はありません。

(5) 最後の3人目が加わったら、1人目が、「私は○○を残します」と2人目か3人目のどちらかを残す宣言をし（例：「私はリンゴを残します」）、1人目（例では「木」を演じた人）と、宣言されなかった人（例では「猿」を演じた人）が、円に戻ります。

(6) 残された1人が円の中央に移動し「私は○○です（例では「私はリンゴです」といってスタート）」と同じものからスタートし（形容していた表現はとるがポーズは変えても良い）、(1)〜(5)を繰り返していきます。

(7) 終わったら、p.102の学びのふりかえりをします。

［ポイント］

☺ 思い付かなくても、ひとまず円の中に飛び込みましょう。支える練習です。
☺ ポジティブなアイディアを付け加えましょう。

[3-4] 支えるパフォーマンス：3ライン（スリー）（チャーナら, 1994 より）

［手順］

(1) 2人組をつくります（あるいは代表で2人が前にでます）。

(2) 1人目が「教員の1日」をテーマに何か好きなセリフとパフォーマンスをします（例：「先生、もう期末テスト作成されましたか？」）。

(3) 2人目はそれを受けて、何かセリフとパフォーマンスで返します（例：「あ、まだなんですけど一緒につくりますか？」）。

(4) 1人目は(3)のセリフを受けて、セリフとパフォーマンスで返したら終わりです（例：「そうですね。ありがとうございます」）。

(5) 1人目と2人目の役割を交代して、何度もセリフをやりとりします。ただし毎回、スリーライン（1人目→2人目→1人目）で終わらせます。

(6) 終わったら、p.102 の学びのふりかえりをします。

［ポイント］

😊 教員―児童生徒、教員―保護者、教員―教員など役割が相手に明確になるように1人目がセリフを言いましょう。

😊 慣れてきたらスリーラインを超えて、30秒、60秒続けてみる、と挑戦しましょう。

[3-5] 支えるパフォーマンス：1分間おとぎ話 (ロブマンら, 2007 より)

［手順］

(1) 1人～何人かのパフォーマンスする人を決めます。(1人～2人がお勧め)。

(2) 「教員の1日」を1分間にまとめてパフォーマンスします。

(3) パフォーマーが演じ終わったら、観客はパフォーマーに拍手喝采をし、パフォーマンスにどのような要素が含まれていたのか、見付けたポイントを伝えます（校門前で挨拶をしていた！給食を食べていた！など）。対戦形式でより多くの要素を伝えられた人の勝ち！と盛り上げても良いでしょう。

[3-6] 支えるパフォーマンス：アテレコ (清家, 2010 より)

［手順］

(1) 4人組をつくります。2人が演じる役、2人がアテレコ役で皆の前でパフォーマンスをします。

(2) 演じる2人は中央に立ち、アテレコ役の2人は演じる2人のそばにしゃがみます。

(3) アテレコ役の2人は、下記の設定から好きなものを選んだり、オーディエンスからアイディアをもらったりして演じる2人の役柄を決め、オーディエンスに関係性を宣言します。
(4) アテレコ役の2人は、(3)で決めた設定で、自由に口頭でやり取りをします。演じる役の2人は、アテレコ役の人のセリフに合わせて、口を動かしたり、表情を作ったり、動いたりしてパフォーマンスをします。演じる人は声を出しません。
(5) 慣れてきたら、演じる役の2人と、アテレコ役の2人の役割を入れ替えます。演じる2人が無音でパフォーマンスを先導し、アテレコ役の2人がそのパフォーマンスに合わせてセリフを言います。

［設定］
教員同士（同期、先輩後輩、校長と新人、養護教諭と担任など）
教員─児童生徒（部活の顧問と新入部員、顧問と部長、新人教員と生徒会長、生活指導担当と生徒指導を受けている児童生徒、など）
教員─保護者や地域の人（新人教員とクレーマー保護者、校長とPTA会長、担任と不登校児童生徒の保護者、担任と警察官、担任と地元の職人など）

───────── Column 9：教員は本当にブラックか？ ─────────

　よく、教員はブラック（人権を踏みにじる職場）だといわれます。私が学校現場にいたとき、先生方が夜遅くまで残って仕事をしていることは珍しくありませんでした。いつ休むの？と思ったこともありました。
　一方で、学校に残って仕事をする先生方がやりがいに満ち、楽しそうだったのも、眩しい姿として記憶に残っています。私が今も学校教育に携わっているのは、先輩方の存在なくして語れません。
　では、本当に、教員の仕事はブラックなのでしょうか？いやいや、そうやって

残業することを肯定する人間がいるから、早く帰りたい教員は居場所がないんだ……と多様な意見があることでしょう。ごもっともだと思います。本当は早く帰りたいと思っている教員がいること、ひとりの教員に対する業務過多が否めないこと、実質のタダ働き状態があることなど、教員を取り巻く現状は決して肯定できるものばかりではありません。だからこそ、昨今、働き方改革によって教員の業務負担軽減が進行しつつあるのでしょう。こういうときこそ諸外国を見習って事務仕事は事務専任を雇って従事させるなど工夫すべきです。教員の業務負担が軽減することで余裕が生まれ、子供達に割く時間、つまり愛情を注ぐ時間が増えることにつながります。

　側から見たら「教員はブラックだろう」と思われているのは残念ですが、必ずしも全ての教員が嫌々残業してきたわけではありません。職員室で楽しそうに子供達の話をしながら仕事をする先生方の姿がキラキラと輝いているのは、昔も今も変わらないのです。だからこそ、教員はブラックで辛いと思ってほしくない。心の底からやりがいのある、本当に素敵な仕事だということを、あなたに伝えたいです。

[4] 応用編：ドリームスクールを完成させよう！

　基礎編はいかがでしたか。仲間と支え合うパフォーマンスを通して、支えることは**支え方の学び続け**だ、ということが少しずつ体感できたでしょうか。応用編では、仲間と共同しながら、とある課題を解決してもらいます。課題を解決する過程では仲間同士での支え合いが不可欠です。誰ひとり欠けても、この課題を解決することはできません。あなたの適切な支えと、仲間の適切な支えがあってこそ、課題を解決することができます。お互いの話をよく聞き、共同し、解決に向けてパフォーマンスし続けてください。この課題を終えたとき（終えられなかったとき）、あなたはさらに未来のあなた（コラム10参照）になっていることでしょう。

　［手順］（星野, 2007 より一部改変）

(1) 6～8人組をつくります。
(2) ドリームスクール情報カード (p.100-101) を拡大コピーして切り分け、34枚のカードをつくります。
(3) トランプを配る要領でカードを裏向きにして配ります。

(4) 配り終わったらゲームスタート！ 何をすればよいか、あなたたちが解決する課題も、カードに書かれています。ただし、下記のルールを守ってください。
(5) 終わったら、p.102 の学びのふりかえりをします。

［ルール］
・自分の紙に書かれたことを仲間に「みせたり」、仲間の紙を「みたり」してはいけません。
・情報カードの内容をそっくりそのまま「書き写して」もいけません。
・ただし読み上げたり、キーワード（文章中の語句）を書くことは良いです。A3 用紙や模造紙があると課題に取り組みやすいでしょう。
・制限時間は 25 分。時間になったら解決しなくても p.102 の学びのふりかえりをしてください。

［ポイント］
☺ 自分ひとりでなんでもやろうとしないこと。周囲をコントロールしようとしないこと。
☺ 皆で理解できるように努めること。

・・・・・・・・・・ **Column 10：発達の最近接領域：a head taller** ・・・・・・・・・・

　私達は生まれてからずっとやり方の知らないことに取り組み、発達をしてきました。例えば、生まれたばかりの赤ちゃんは歩くことができませんが、できないことをできないまま挑戦し続けることで歩けるようになっていきます。寝返りも打てない状態から自分で寝返りを打ち、そのうちハイハイができるようになって、なんとか掴まり立ちができるようになります。決して歩いているわけではないけれど、できないことをできないまま、ひたすらに挑戦し続け、いつかは誰かに支えてもらいながらなんとか足を踏み出して、「歩ける」ようになっていきます。大人自身も、「すごい！いいよ！」とできないことをできないまま挑戦させてあげられるだけの環境を支えています。

　ロシアの心理学者ヴィゴツキー(1984)は、そうした人間の発達を 2 つの水準に分けて説明しました。

　例えば私達が話者としてどのように発達してきたのか考えてみましょう。

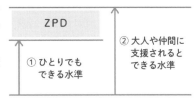

① 赤ちゃんはひとりで声を出すことはできます（水準①）が、それ自体はまだ「意味を持った言葉」ではありません（赤ちゃんが発する意味のない言葉を喃語といいます）。
② 大人が赤ちゃんの喃語に意味を持たせ、会話をする存在として対話することで、赤ちゃんは「話す人」になることができます（水準②）。

　ヴィゴツキーは、ひとりでできる水準と、大人や他者に支えられながらできる水準の間を「**発達の最近接領域**（Zone of Proximal Development）と呼び、私達人間の発達を社会的なものと捉えたのです。私達は常に、それらの2つの水準の間、つまり発達の最近接領域の中に生きています。

　言い換えれば、私達はいつも「未来の自分」になりつつあり、頭ひとつ分背伸び（a head taller）をしながら生きていることになります。今、あなたもこの瞬間、教員ではないけれど、教員になりつつある存在として、教員になるためのパフォーマンスをしているはずです。周囲の仲間と、教員になる練習をしているはずです。それは未来の自分に向かって生きる確かな過程であり、それこそが発達の最近接領域なのです。

ドリームスクール情報カード（拡大コピーして切り取って使います）

ブラジル製の時計が置いてある教室は、「なかよく」がめあてです	ドリームスクール内は、Wi-Fiが完備されていて、教室と教室の連絡が無線で繋がっているので便利です
このドリームスクールの教室は互いに隣り合っていて、しかも半円形に並んでいます	吉野先生は、楕円形の青い旗が飾ってある隣の教室の管理責任者です
理科室にはいつも緑色で三角形の旗が飾られています	体育館の管理責任者は山田先生です
「みんなで」がめあての教室には、日本製の時計が飾られています	水野先生は「えがおで」がめあての教室の管理責任者です
このドリームスクールの各教室には管理責任者の先生が1人ずついて、それぞれの教室を管理しています	教室の1つは、このドリームスクールの東の端にあります
家庭科室は保健室の隣にあります	音楽室の隣の教室の時計はイタリア製でおしゃれです

あなたのグループの課題の1つはアメリカ製の時計が置いてある教室が何であるかを決めることです	音楽室の隣の教室の管理責任者は有元先生です
郡司先生が管理責任者である教室は黄色の四角形の旗が飾ってある教室の東隣にあります	吉野先生が管理責任者をしている教室の旗は、赤色の長方形です
このドリームスクールは北西の風がよく吹きます	保健室は「たのしく」がめあての教室の隣にあります
保健室は、このドリームスクールの西の端にあります	「なかよく」がめあての教室の管理責任者は吉野先生です
「みんなで」がめあての教室の管理責任者は山田先生です	あなたのグループの課題の1つは、このドリームスクールの北東にある教室が何であるかを決めることです
あなたのグループの課題の1つは、いつも白く丸い旗がかかっている教室が何であるかを決めることです	このドリームスクールの5つの教室には、それぞれ違った国で作られた時計が飾られています
音楽室には「なかよく」のめあてがあります	「なかよく」のめあてがある教室はこのドリームスクールの最も北にあります
このドリームスクールの各教室にはそれぞれ異なった「めあて」があります	このドリームスクールの各教室にはそれぞれ異なった色と形のシンボルフラッグが飾られています
このドリームスクールの先生方は生徒を大切にするので、地域からの評判が良いです	「みんなで」のめあてがある教室は「げんきに」のめあてがある教室の隣にあります
この学校の校風はとても良いので遠方からの受験生が多いです	家庭科室にはフランス製の時計が置いてあり、いつも料理のいい匂いがして生徒がよく立ち寄ります
各教室には、ウォーターサーバーが設置されていて生徒たちに喜ばれています	保健室の管理責任者は水野先生です

正解は p.161

[5] 学びのふりかえり

＊インプロ川柳をやってみて
- どんなときに「思い通りにいかない」と思いましたか？
- あなたのターンでどれくらい時間がかかりましたか？ それはなぜですか？
- 上手だなと思った仲間はいましたか？ 何が上手でしたか？
- 予想した作品と実際にできた作品はどれくらい、どう違いましたか？

＊私は木をやってみて
- 真ん中にでて参加できましたか？ その時の気持ちは？ 真ん中に立って仲間が入ってくるまでの気持ちは？
- 予想もしなかった作品はどんな作品でしたか？ どんな気持ちになりましたか？
- 仲間のパフォーマンスをみて気付いたことは？

＊3ラインをやってみて
- （1人目をやって）相手に即興で役割が伝わりましたか？ なぜですか？ （2人目をやって）相手からの投げかけで自分の役割を即興で理解できましたか？ それはなぜですか？
- （1人目をやって）3行目は上手くいったと思いますか？ それはなぜですか？ 難しかった点は何ですか？ それはなぜですか？
- （1人目も2人目も）相手への返答はポジティブでしたか？ ネガティブでしたか？

＊ドリームスクールをやってみて
- 誰が、何を使って、どのようにして、課題を解決しようとしましたか？ それはなぜですか？ 周囲はそれをどのように受けとめて対応しましたか？
- 今回は答えのある課題をやってもらいましたが、実際には答えのない課題に取り組み続けるのが教員です。今回の経験を未来に生かすとしたらどんなことが生かせますか？
- 相手を支えた！あるいは支えられた！と思った瞬間はどんなときですか？

・「あの人の支え方、参考になるな」と思ったことはありましたか？ それを相手に伝えましたか？（伝えていなかったら、今！ 伝えてください!!）

ふりかえり 4つの木！ ーーーーーーーーーーーー 未来のあなたへのメッセージ
①気に入ったこと、②気になること、③気付いたこと、④キープしておきたいことを書き留めておこう！

p.90 の答え
ミノルさんは大のラーメン好き。健康を気にしてラーメンのスープを残していたが、今日はあまりのおいしさにスープを完飲。どんぶりの底に現れた「ありがとう」の5文字をみて自分の行動を後悔したのだった。
—解答の鍵—
ラーメンのスープを全部飲んだ結果、どんぶりの底の文字がみえた

7

motivating

やる気にさせる

　これまで、頭の中から飛びだして他者と関わってみたことで、ひとりでは達成することのできないパフォーマンスの面白さを、じわじわと感じてきているでしょうか。本章では、より他者との共同に焦点を当て、あなたの思い通りにはいかない世界ともっともっと向き合っていきましょう。自分ではコントロールできない他者をやる気にさせるということに挑戦するのです。

　そもそも、やる気とは目にみえないものに名前がついたものです。本書でも頻繁に使われる学びという概念と同じく、そこに本当にあるかどうかは誰にもわからないけれど、確かにそこにあるような気がするもののことです。今、あなたがこの本を手に取って「読もう」としてくれている状態とも関係がありますね。本章ではこのやる気に着目して、パフォーマンスを行います。

　教員は「他者に何かをさせる」機会に満ち溢れています。子供達を朝礼で並ばせたり、授業を受けさせたり、給食の配膳をさせたり、委員会活動をさせたり、朝のホームルームで連絡事項を聞かせたりすることもあるでしょう。それらは、決して命令ではありません。命令とは立場を利用して相手に強制的に行動させることで、教員は、職務として自分が上司に命令されることはあっても、決して子供達に命令をする立場ではないのです。毎日子供達に指示ばかりしていると、自分が何かの特権を持っているような気になってしまいますが、教員は命令としてではなく、教育的指導として子供達に何かをさせられるようにならなければならないのです。本章では、教育的指導とは何かということについて考えるために、やる気にさせるパフォーマンスを練習します。

　多くの教員や教育実習生が共有する悩みが、どうしたら授業で子供達が主体的に学んでくれるのかということです。教員は教育のプロです。それは「学びなさい」と指示をすることが上手くなるということを意味していません。ただ「学びなさい」と指示を出すだけだったら素人でもできます。「学びなさい」と直接言わなくても、学びたくなる、やってみたくなる環境づくりをするのが、教員の仕事、それが教育のプロになるということなのです。

[1]「やる気にさせる」際のポイント

人をやる気にさせる際のポイントは、**園芸家になること**です。なんのこっちゃと思うかもしれませんが、これはロシアの心理学者**ヴィゴツキー**（1926／1997）が述べたことです。ヴィゴツキーは、教員のことを園芸家にたとえて説明しました。園芸家とは植物を育

てるプロのことです。園芸家は植物に対して「伸びろ」「成長しろ」と植物の芽を直接引っ張ることはしません。温度や日当たりや水分や肥料の調節をして、**間接的に、植物が自ら伸びたくなる環境をつくる**ことで、植物の成長を助けています。ヴィゴツキーは教員も同じように、子供達に向かって直接「できるようになれ」「理解しろ」というのではなく、子供達自らが「できるようになりたい」「理解したい」と思えるような場づくりをして、彼らの成長を助けることが仕事だと説明しました。

とは言っても、教員が園芸家のように学習環境をデザインし、気付いたら子供達が主体的に学びたくなっていた！という状況をつくるのは一筋縄では行かないような気がします。子供達が学びたくなるような環境をどのように設定するのか、ということは教員にとっても永遠の課題と言って良いでしょう。園芸家は植物の状態に合わせて環境を調節します。教員も同じように、多様な子供達の多様な状態に合わせて学習環境を調整していくことが重要です。誰にでも適応できるような100%完璧な指導方法はありませんが、誰かが何かをやりた

くなるという状況をつくるには、課題の与え方を工夫することがヒントになります。本章では、子供達をやる気にさせる練習を一緒にパフォーマンスしていきましょう。どうしたら、他者をやる気にさせられるでしょうか。

[2] ウォーミングアップ：イルカの調教 (キース, 2019 より)

① イルカ（例えばAさん）を1人選び部屋の外に出てもらいます。
② 残った皆で、イルカにやってほしい動きを決めます。
③ 「イルカのAさんの登場です！」と声をかけてAさんを部屋に入れます。
　Aさんは、お題の動きが何かを考えながら、パフォーマンスをします。
④ 周りの皆は、「リンリンリンリン」（鈴の音）だけを用いて、Aさんがお題の動きに近づいてきたら、声量、頻度（スピード）等でお題の動きに近づいていることを表現します。

⑤ Aさんがお題の動きを当てたら、皆で最高の拍手をします！

［ポイント］
😊 オーディエンス・パフォーマンスが重要。「リンッ！（惜しい！）」「リーンリーン……（違う違う！）」「リンリンリンリンリンリン！！！（そうそうもう少し！）」と声を出して応援します。

［オプション］
イルカ役を複数人でやります。共同でやらないと達成できないお題にしましょう（例：手をつなぐ、チューチュートレインの動きなど）。

[3] 基礎編：ミニジグソー法で文章を読もう！

ジグソー法とは、「あるテーマについての資料を、グループ内のメンバーで分担して勉強し、各自が理解した内容を持ち寄り、ジグソーパズルのピースを埋めるように、知識を統合してテーマ全体の理解を構築したり、課題を解いたりする活動を通して学ぶ協調学習のひとつ」（成田・赤塚, 2016）のことです。

　ジグソー法は、与えられた課題を担当するのがグループで自分ひとりなので、仲間に伝えるために課題に取り組まざるを得ない状況となり、同時に他者と対話する必然性が生まれ、学習の動機づけとなりやすい手法です。

　本章では、元祖「ジグソー法」の手法ではなく、私が簡素化した「ミニジグソー法」を用いて文章を読んでみたいと思います。ただ「教科書を読みなさい」と言われて読むやる気と、ミニジグソー法を用いて読む時の自分のやる気を比べてみてください。どのような違いがあるでしょうか。

［用意するもの］
・A4用紙1人1枚
・太ペン

［手順］
(1) 3人組をつくります。
(2) パートA・B・Cを3人で分担します。
(3) 自分の担当箇所を3分で読みます。
(4) 自分が読んだ箇所の要約を60秒のプレゼンテーションにまとめます。ただし、A4用紙1枚にイラストあるいは図を用いて視覚的資料を準備すること。

［3-1］パートA
【学習環境デザインとは？】

　人をやる気にさせるためには、学習環境デザインという考え方を知っておくと良いでしょう。**学習環境デザイン**とは、「社会的な状況を設計・再設計することで学習を積極的に支援する場づくり（またはその設計自体）。学習させたい内容

に合わせて、利用可能な人工物、他者との共同、学習の目的・意味・意義を人為的に設定する教授技術的方略」（有元, 2011）のことです。

　もう少し簡単な言葉で説明すると、学習者に「どんな風になってほしいか」という目的に合わせて学びの場づくりを工夫することです。例えば、「音読が好きになってほしいなぁ」という目的に合わせて、みんなで「もう一回読んで（p.29参照）」や「リードアップ（p.40参照）」で遊んでみたり、「数式を覚えてほしいなぁ」とか「仲間と共同できるようになってほしいなぁ」という目的に合わせて「3つ頭の専門家（p.43参照）」で遊んでみたり、学習者が「やってみたい！」と思うような場をつくることで、結果として学びの目的が達成されているという理想的な状態を目指すものです。

【学習環境デザインは何のため？】

　では、ここで質問です。あなたは、これから教室の場で授業をします。小学校なら45分、中学・高校なら50分でしょうか。その45分・50分後に、子供達にどんな風になっていてほしいと考えていますか？　おそらく、「〇〇について理解していてほしい」「〇〇を覚えてほしい」という具体的な目標がきっとあることだと思います。

　今、あなたが目標にした「それ」を理解するのは、覚えるのは、一体何のためでしょうか？　ここで思いだしてほしいのは、教育の目的です。第2章では、人格の完成が教育の目指すところであることを学びました。そのための学校教育が担う役割は、子供達により良く生きていきたい、発達したい、成長したいと思わせることであり、学習指導や生徒指導はその手段でしかないことをパフォーマンスを通して学んできたと思います。

　しかしながら実際には、授業づくりをして子供達を目の前にすると、漢字を書けることや計算ができることが教育の目的になってしまうことがよくあります。教員は教えるというパフォーマンスをしているうちに、教えたことを頭で理解させることがパフォーマンスのゴールとなってしまうのです。頭で理解させることは、教育の手段でしかありません。その理解した内容をパフォーマンスし、より良く生きていこうとすることこそが教育の目的です。教育の手段が目的化しないように気をつけてください。学習環境をデザインするのはあくまでも手段であり、学びの目的（前提）は人格の完成を目指すことであると忘れ

ないでいてほしいです。

[3-2] パートB
【課題の与え方で学びが変わる！？】

いきなりですが、あなたに質問です。重力とは何かを小学生にわかるように説明してください。スマホや辞書で調べたりせずに、あなた自身が持っている知識を総動員して、下に書いてください。はい、どうぞ！

重力とは：

では今から、上に書いたことを皆の前で発表してもらいます。誰に当てようかな……お、今、目が合いましたね？　では、そこのあなた！　立ち上がって、あなたが書いた答えをみんなに向かって教えてください。どうぞ！

さて。今、ドキドキしましたか？　緊張しましたか？　それとも余裕だぜ！と思いましたか？　いきなりで嫌な思いをさせていたらごめんなさい。私は今、あなたに個人の知識（答えのあること）の有無を問い、あなたの能力をみんなの前で示すような課題を与えました。その課題を与えられたときのあなたのやる気はどのようなものでしたか。ワクワクしましたか。それともやりたくないなと思いましたか。どんな気持ちになったのでしょうか。

それでは、もうひとつ課題を与えます。今度は頭の中でイメージしてください。きっとこの文章を読んでいる間はあなたひとりでしょうから、隣で他のパートを読んでいる仲間と一緒に作業すると思ってください。

「A4用紙1枚全てを使って、できるだけ高い自立する塔（ペーパースカイツリー）をつくってください。制限時間は5分です。切っても良いですが、道具を使って自立を支えるのはナシとします。」それでは、用意スタート！

さて、あなたは今、どんなやる気を抱いていましたか。ワクワクしましたか。それともやりたくないなと思いましたか。どんな気持ちでしたか（この課題は実際にパフォーマンスした方が面白いので、友達と競争してみてください。ひとりでつくるよりも複数人で1チームをつくったほうが、アイディア豊かにより高い塔をつくることができるでしょう！　共同の練習としても有効な遊びです）。

私は今、あなたに、誰かと共同で、答えのない問いに取り組む課題を与えました。その課題を与えられたときのあなたのやる気はどのようなものでした

か。重力についての個人の知識を問われるような課題と、重力の知識を使って共同で構造物をつくる課題とでは、あなたのやる気は、あなた達のやる気は、どのように違ったでしょうか。同じことを学ぶのでも課題の与え方によって、子供達のやる気は変わります。
あなたはどのようなやる気を起こさせる学習環境をデザインしていきたいですか。

[3-3] パートC
【学習動機づけとは何か】

さて、これまで私は繰り返しやる気という言葉を用いてきましたが、心理学ではやる気を、動機という言葉で表現しています。しかも、学習動機づけといったように、動機は外側から付けるものとして研究されてきました。そりゃ子供達が勝手にやる気をモリモリ出して学習してくれれば、このような概念について研究したりはしませんよ……と思うかもしれませんね。それくらい教育の世界では、やる気を起こさせるスイッチをどのように見付けるか、どのようにオンにさせるか、ということに力を注いできたのです。

一般的に、動機づけには内発的動機づけ（行為の対象そのものが活動の報酬になっている状態。例：ドラムが好きで楽しいからドラムを演奏したい！）と外発的動機づけ（行為の対象の外に活動の報酬がある状態。例：モテたいからドラムを演奏したい！）の2種類があると言われてきました。近年では、この動機づけには6つの因子がある（市川, 2011）だとか、自己決定理論（ライアンら, 2000）に基づいているだとか、いやいや目標設定理論（ロック, 1968）だとか、フロー理論（チクセントミハイ, 1990）が優勢だとか、メカニズムに関する複数の理論が注目されているので、興味のある人はそうした動機づけに関する理論を深く探究してみてほしいなと思いますが、ここでは「**学習の必然性（the necessity of learning）**」が鍵であるということを強調しておきたいと思います。

学習の必然性とは、学習者にとって学習内容を学ぶことの意義・意味が理解されている程度のことです。例えば、ギターを弾けるようになりたい人が、ギターコードの押さえ方（コード譜）を覚えることは学習の必然性の高い状態で

すが、音楽に全く興味のない人にとってはコード譜を覚えることは学習の必然性の低い状態です。学習者にとって学ぶ対象が自分ごとであるかどうか、ということは動機づけに大きく関わってきます。教員であるあなたが子供達にやる気を起こさせたい！と思ったとき、子供達にとって自分ごとになるような課題を設定してみると、学びの場がやる気で満ちるかもしれません。

【自己関与性（自分ごとの程度）を高めるために】

有名な諺で、You can take a horse to the water, but you can't make him to drink🐴 というものがあります。馬を水飲み場に連れて行くことはできても、水を飲ませることはできない。つまり、子供達を椅子に座らせ、机に向かわせることはできても、「学びたい！」と思わせることはそう簡単ではない、全く別のことだということです。

学習の必然性を高めるためには自分ごとの程度、自己関与性（郡司, 2013）を高めることが必要になります。例えば今、この文章を読んでいるあなたは、グループのメンバーにプレゼンテーションをしなければならないという課題を与えられたからこそ、一定程度の動機をもって文章理解に努めているでしょう。そのやる気は、部屋にこもってひとりで課題の文章を読んでいるときとは異なるでしょう。他人事[1]ではない、あなたがやらなければ場が成立しないといった課題が、あなたのやる気をつくりだしているのです。

［4］応用編：「秘密の授業」をしよう！

授業中の教室を眺めてみると、皆それぞれが異なる行動をしていることに気付きます。異なる行動とは、学級崩壊のような授業が成立していない状態を意

---

[1] 他人事として捉えることを「傍観者効果（Bystander effect）」（浦光, 2021）といいます。「自分以外の誰かがやってくれるだろう」と「責任の分散」が起こり、援助行動が抑制されてしまう集団心理のことです。1964年のニューヨークで殺人事件が起こった際「誰かが通報するだろう」として傍観者は誰も通報せず、被害者が死亡したことから提唱された集団心理の概念です。授業中に「自分以外の誰かが手を挙げてくれるだろう」と責任の分散が起こっている状態も同じ原理で説明することができます。

味しているわけではなくて、黒板を眺める、板書をノートに写す、先生の話を聞く、友達と目を見交わす、鉛筆の芯が擦り減っていることを気にする、窓の外をみる、貧乏ゆすりをする、時計をみる、今日の給食が何かを予想する、落ちた消しゴムを拾う……といった、多様な行動が同時に生起している状態のことです。まさか！と思ったあなたは発達のチャンス。今のあなたの状態から一歩背伸びをして、未来のあなたのパフォーマンスをしてみるチャンスです。教員のメガネをかけて、教室を眺めてみてください。

　皆が椅子に座り、机に向かっているという状態が成立していることが、実は奇跡であることに気付くでしょう。街中で、30人くらいの人に向かって突然、「椅子に座って授業を受けなさい」と言っても、それが成立しないことを想像すればよくわかります。なぜ、普段の授業が成立するのでしょうか。

　このことを考えるヒントとして、私が経験した事例を紹介します。私がずっと若かった頃、定時制の高校で病休の教員のピンチヒッターを頼まれたことがありました。その授業は通年開講の科目で4月から始まっていましたが、私がそのクラスを担当したのは、11月の上旬だったと思います。それは、子供達と出会った初回の授業の出来事でした。私は、代替教員として自己紹介をした後「まずは、ウォーミングアップしよう！皆立ってください！」と指示を出しました。声を出さずに誕生日順に並ぶというシンプルなワークをしようと思ったのです。

　ところが、クラスの半分の子が席を立たず、そのワークは全く成立しませんでした。「クラスの半分が席を立たない」という状況のまま教室はざわつき、私は思わず「ごめんね、指示がわかりづらかったね。とりあえず一旦、席についてください」と、立ち上がってくれた半分の子供達を着席させ、別の活動に移ることにしました。一体、何が起きたのか、そのときの私にはよくわかっていませんでした。

　なぜ、そうしたことが起きたのでしょう。それを分析すれば、多様な視点から意見が挙がるでしょう。教員と生徒の関係が構築されないままに急に指示を出したから。子供達にとって立ち上がるのが面倒だったから。眠かったから。教員の説明が下手で、活動の意義が伝わらなかったから。そもそもウォーミングアップという言葉の意味がわからなかったから……などなど。いずれにせ

よ、クラスの半分の子達にとって、立ち上がってウォーミングアップを「したくなるような」環境ではなかったということは、彼らの行動から私にとって明白でした。

当時の私はその光景に衝撃を受け、それから、教員とは一体、何様なのかということを考えるようになりました。そもそも、30人くらいの人間が一堂に会し、授業が成立する、ということは決して当たり前のことではありません。授業が授業として成立するための条件には、子供達が教員に付き合ってくれること、子供達が教員の指示に従ってくれること、という前提がありました。そんな当たり前のことを、そこで出会った子供達に私は初めて教えてもらったのです。

教員には何の権利があって、子供達に指示を出せるのでしょうか。本章冒頭でも述べましたが、当然ながら教員は子供達に命令をする権利を持ち合わせてはいません。正確に言えば、指示を出すという教育的指導の権利があるわけでもなく、教員免許状を取得したものだけが学校教員としての指導を認められている、という条件を満たしているだけに過ぎないのです。つまり教員は、社会的に認められているという立場として、子供達を指導する資格を持っているだけということであって、子供達がそれに従う必要があるかどうかは別の話になるわけです。

大人には教育を受けさせる義務はあっても、子供達自身に学ぶ義務はありません。たった一言「席を立って」という指示でさえ、それに従う義務は子供達にはないのです。ただ、私達教員は、子供達により良く発達してもらうために子供達に「願う」立場でしかありません。私達は、子供達の人格の完成を目指して、彼らを支え、育ちたくなる環境づくりをすることが務めなのです。この当たり前に気付くと同時に、だからこそ子供達がやる気を出したくなるような環境づくりがいかに大切か、ということをより深く考えるようになりました。

先ほどの「クラスの半分着席事件」があってから、私はその高校で子供達から色々なことを教えてもらいました。高校は義務教育ではないので、学ぶ意欲のない者は学校に来る必要はありません。だから、教員の指示に従わない者は特段気にする必要はないし、成績をつける際にそれなりに評価すればいいだけだったのかもしれません。しかし、学ぶ意欲とは何か、つまりやる気とは何

か、ということについて考えれば考えるほど、教員がどんな学習環境をデザインするかによって変わるということに気付かされたのです。彼らのやる気は、私の授業の作り方によって変わりました。彼らの「やる気がないとみえる状態」は、彼らのせいではないということを、毎回突きつけられました。「私の指示のだし方がもっと良ければこうはならなかった」「みんなが楽しそうなのは課題のだし方が良かったからだ」ということを、あぁでもない、こうでもないと、試行錯誤させてもらいました。

彼らの「やる気がでるかどうか」を指標にしながら授業づくりをできたことは、教員として貴重な経験だったと思います。教員として当たり前のことを教えてくれた彼らには心から感謝をしていますし、私の指示に従ってくれなかったあの瞬間があったからこそ、私は今、ここにいるのだと感慨深くもなります。

さて、センチメンタルなお話に付き合っていただきありがとうございました。ここで、話を元に戻して、みなさんも他者をやる気にさせる、ということに挑戦してみましょう。基礎編では、課題の与え方がヒントになるかもしれないことを学びました。課題の与え方をより具体的に検討し、実際にパフォーマンスをしてみることで、他者のやる気を引きだす練習をしていきます。

教員は、子供達を椅子に座らせ机に向かわせるだけでなく、そこからさらに課題に取り組ませ、共同させるといった活動に導かなければなりません。近年では、主体的で対話的で深い学びのための授業改善は必須！と文部科学省も謳っています。どうしたら子供達が他者と共同し、学び、より良い未来の自分に向かって発達したくなるでしょうか。やる気にさせるというパフォーマンスの練習を通して、そのヒントが見付かることを祈っています。ちなみに、応用編の「秘密の授業」は、この課題そのものに取り組みたくなるヒントが隠されています。そのヒントとは、相手チームの課題が何であるのかが互いにわからない、つまり、互いに秘密を抱えた状態であることです。

人は何かを隠されると、それが何かを知りたくなるものです。これは知的好奇心という人間の習性です。幼い子供達はそうした習性を存分に発揮し、「なぜ？」「何で？」を繰り返し、世界のあらゆる複雑な事象が何かということを知りたがります。そうした子供達の知的好奇心を刺激し、やる気にさせられるような教員に是非なってくださいね。

では、心の準備はいいですか。早速！「秘密の授業」レッツ、パフォーマンス！

［手順］

(1) 全体を偶数のグループに分けてグループ番号を割りふります。
1グループ3〜4名。

(2) 奇数番号のグループをグループA、偶数番号のグループをグループBとし、グループAとグループBで1チームになります。

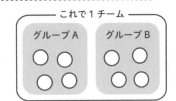

(3) グループAは課題Aを、グループBは課題Bを担当します。それぞれの課題はこのあと、伝えますが……。

⚠ 互いの課題は見ないこと！ ⚠

最後に種明かしをします。それまでは互いに内緒！ 知ってしまった途端、楽しくなくなります。互いにみない・聞かないように注意してください！

(4) 課題に従って、チームで授業の準備をします（10分）。グループAはp.118ページをグループBはp.143ページを確認します。相手グループのページを開かないように注意！

(5) 時間が来たら、グループAから授業を行います（5分）。グループAは、教員グループとして下記に従って役割分担をして下さい。グループBは教員を目指す学習者として、グループAの授業を受けて下さい。

［教員グループの役割］

(a) 教員

条件をクリアできるように、グループで考えた授業を行います。

(b) 撮影係

スマホ等のカメラで撮影をします。(a) 教員が自分のパフォーマンスを振り返るためのものです。音声が入るように撮影の位置に気をつけて！ 教員の働きかけを中心に、学習者の動きも撮影してください。

(c) 記録と計測係

時間を計りながら、課題が達成できるかどうか、教員の働きかけがどのように進行しているのか、学習者が何をしているのかなどを確認します。課題が達

成できた理由、あるいはできなかった理由についても同時に考察しながらメモを取ってください。
(6) <u>まだ課題が何かは伝えてはダメ！</u> 交代して、グループBが教員グループとして5分間の授業を行います。
(7) 下記の［学びのシェア］をチーム内（2グループ合同で）で行います。
　［学びのシェア］
① お互いのチームにお礼を伝えましょう。「ありがとうございました」
② お互いの課題を確認します（ここで初めて、お互いの課題を読んでOK！）。
③ グループAの授業の振り返り（下記の学びのふりかえりに沿って）
　　（c）記録と計測係→（b）撮影係→（a）教員→学習者（グループBのメンバー）の順番で。
④ グループBの授業の振り返り
　　（c）記録と計測係→（b）撮影係→（a）教員→学習者（グループAのメンバー）の順番で。

［5］学びのふりかえり

＊ミニジグソー法をやってみて
　・ひとりで読むときとあなたのやる気はどう違いましたか？
　・その他、お互いのパフォーマンスで気付いたことは？
＊客観的に「秘密の授業」をみて（記録・計測係、撮影係）
　・教員や学習者のパフォーマンスで気になることは？　なぜ気になった？
　・5分の時間の使い方はどうだった？　一番盛り上がったのはどんな場面だった？　なぜ盛り上がった？
＊教員をやってみて
　・思い通りに行った！と思うこと、思い通りに行かなかった……と思うことは何？　それぞれなぜでしょうか？　次はどうしたらいい？
＊学習者をやってみて
　・なぜ、相手チームの課題の行為をしたくなったのでしょうか？　あるいは、なぜやりたくならなかったのでしょうか？

・教員のパフォーマンスで真似したいなと思ったことは？

⋯⋯⋯⋯ **Column 11：「この問題がわかる人？」方式の罠** ⋯⋯⋯⋯

　学校の授業では「この問題がわかる人？」と問われる瞬間がよくあります。この「この問題がわかる人？」方式の授業は、**個人の能力を試す場づくりを生み出しやすいので、私はあまり推奨しません**。例えば日常生活の中で、あなたがとある何かについてわかっているかどうかを試されるような場面があったら自尊感情を傷つけられるかもしれませんよね。

　同様に、答えを求められている子供達にとっては、緊張し不安になる状況です。特に、質問された回答について自信がなかったり、わからなかったりしたら本当に惨めな気持ちにさえなるかもしれません。

　学校はときに失敗したり、間違えたりしても良い場所であると思います。しかし、**失敗するためにあるのではありません**。皆さんも人前で失敗したいと積極的に思っているわけではないと思うのです。皆で支え合いながら「ほら、できた！」と喜び合える方がよっぽど健全です。

　しかし、新任教員はこの方式を使いがちです。自分の思い通りに授業が進められるからです。あなたがどうしても「この問題がわかる人？」方式を使いたいのだとしたら、この罠から抜け出すために、挙手をして発言することが「学びの貢献」になるのだということが子供達に共通理解されているという教室をつくっておいてください。誰かの発言は、自分の学びのためだけではなく、皆の学びのためになるという安心感のある教室であれば「この問題がわかる人？」方式はむしろ効果的かもしれません。

　ただし、そのようなクラスづくりは一筋縄ではいきません。あなたが積極的に間違えたり、失敗したり、挑戦し続ける姿勢をみせることもヒントになるかもしれませんね。皆で学習のリスク（やり方を知らないことに挑戦する際の不安やドキドキ（ロブマンら，2007））を支え合い、乗り越えていけるクラスを目指せるように心から応援しています。

⋯⋯⋯⋯⋯⋯⋯⋯⋯⋯⋯⋯⋯⋯⋯⋯⋯⋯⋯⋯⋯⋯⋯⋯⋯⋯⋯⋯⋯⋯⋯⋯⋯⋯⋯⋯

ふりかえり 4つの木！　　　　　　　　　　　　　未来のあなたへのメッセージ

①気に入ったこと、②気になること、③気付いたこと、④キープしておきたいことを書き留めておこう！

⚠ このページは指示があるまで読んではいけません ⚠

[秘密の授業] 課題 A

秘密の授業　課題 A

あなたのグループの課題は以下の 3 点です。

(1) 学習者全員が一度は手を挙げること。
(2) 学習者全員が一度はノート (or メモ) に学習内容をメモすること。
(3) 学習者全員がひとり一度は発言になること。

▽ 注意
・「名目ひとり1回は手を挙げましょう」「大事なことをメモしましょう」「一度は発言しましょう」など上記のことを直接指示してはなりません。

・授業時間は「5分」です。
・課題が達成できなくても 5 分間の授業を続けてください。
・授業の目標は「より良い授業になること」です。学習者の様子・内容は問いませんが、教員は目の前の学習者を幸せにさせてください。

どうしたら上記の目標を達成できるでしょうか？

【グループ議論】上記の課題は順番 1 と順番 2 から下の順番の課題にも連携してます。

(4) 教員の際は必ず「名乗」で呼ぶこと (×はい、そこ、きみ／あなたなど)。
(5) 学習者が メモしたり発表する時の姿で授業すること。

遊ぶ

playing

　これまで、教員の基本であるつながる、演じる、共同する、対話する、みる、支える、やる気にさせる、というパフォーマンスを練習してきました。本章ではいよいよ、教員が最も時間を割くといわれている授業づくりに挑戦します。キーワードは遊ぶ、です。
　え、授業づくりって遊びなの！？と思ったあなたは大チャンス！　授業とは子供達の学びの実験の場です。何が起こるかわからないドキドキワクワクの挑戦の場を、教員が準備するのです。前章では子供達をやる気にさせるためのパフォーマンスについて学びましたから、授業をドキドキワクワクの場になるように工夫するためのコツは少しずつ掴んでいるのではないでしょうか。
　さぁ、本章では皆さんのこれまでの遊びの知識と経験を総動員して、教員としての最高のパフォーマンスを練習してみましょう。

[1]「遊ぶ」際のポイント

　遊ぶ際のポイントは、**楽しむこと**です。遊びとは遊ぶこと自体が目的です。例えば鬼ごっこをする子供達は、なぜ鬼ごっこをするのか？ということを考えずに純粋に楽しんでいるでしょう。皆さんも例えばカラオケに行って歌っているときには、純粋に歌うことを楽しんでいるのではないでしょうか。なぜお金を払ってまでカラオケで歌うのか？ということを真剣に哲学した上でカラオケを楽しむ人はあまりいないでしょう（そういう人もいるかもしれませんが）。本章でも同様に「なぜ、この遊びを授業として実施するのか？」と頭で考えることに固執せず、まずはやってみて、楽しむことを第一にしてください。遊びが大切である理由は後ほど説明しますので、とにかく楽しむことが一番です。
　みなさんが日頃、友達と遊んでいるときを思いだしてください。気の置けない仲間と些細なことで大爆笑して、他者の評価など気にせず、

自己検閲を取っ払って、思いっきり楽しんでいるのではないでしょうか。遊びの場は安心の環境の上に成立しています。授業の中で遊ぶときも同様です。ただクラスメイトと笑うこと、楽しむことが優先になるような場づくりを心がけてください。

Column 12：自己有用感（誰かに必要とされている感覚）の向上を目指して

日本の児童生徒は自己評価よりも他者評価が心の発達に影響するため、「褒めて（自信を持たせて）育てる」という発想よりも「認められて（自信を持って）育つ」という発想の方が、子供の自信が持続しやすい（文部科学省，2015）といわれています。教員が「すごいね！」と直接褒めるよりも仲間・友人が「すごいね！」と認めることの方が発達には良いとされているのです。学習活動時にも、例えば挙手発言をさせて、個人の能力の有無が可視化されるような授業デザインよりも、仲間と共同して課題を解決する力の有無が可視化されるようなデザインの方が、安心して発達できるのかもしれません。

[2] ウォーミングアップ：何してるの？（ロブマンら，2007 より）

① 3〜6人組をつくり、円になります。
② 誰か（Aさん）が真ん中で、「何か」の動きをします（例えば、テニス🎾）。
③ Bさんは、Aさんに近寄り、その「何か」の動きに合わせながら（例えば、Aさんが打った球を打ち返しながら🎾）「何してるの？」と尋ねます。
④ Aさんは、その「何か」以外のことをしていると答えます（例えば、「読書しているの！📖」）。その後、Aさんは円に戻ります。
⑤ Bさんは、Aさんが回答した内容のパフォーマンスをします（読書し始める）。
⑥ Cさんは、Bさんの動きに合わせながら（例えば、ヒソヒソ声で周りを気にしている様子をみせながら）「何してるの？」と尋ねます。
⑦ Bさんは「何か」以外の

ことをしていると答え（例えば、「料理しているの！」）、Cさんはその動きをし始めます。同様に、繰り返していきます。

［ポイント］

☺ 「何してるの？」と聞かれたら次の人にやってほしいことを答えます。
☺ パフォーマンスしやすいもの（サッカー、野球、相撲など）、難しいもの（片想い、葛藤について考えているなど）を調整すると練習になります。

[3] 基礎編：学習指導要領の変遷を辿ってAIと遊ぼう！

[3-1] 教育基本法と学校教育法

第2章で、日本の教育に関する法律には「教育基本法」があるということを説明しました。この法律は、日本で行われる教育の原則について定めたもので、その第6条には、「学校教育」という項目があります。

教育基本法第6条には、教育の実施に関する基本として「学校教育」とはこういうものだということが示されています。法的な制度として認められている学校とは、下記3点の通りでなければなりませんよということが書かれているのです。

(1) 国・地方公共団体・法人だけが設置できる公の機関ですよ。
(2) 教育の目標の達成のために組織的に教育を行いなさいよ。
(3) 学習者が規律を重視して、やる気を高められるようにしなさいよ。

この第6条で示された「法律に定める学校」についての、詳細な決まりが「学校教育法」です。学校教育は、日本国憲法、教育基本法、学校教育法といったように、社会的な法に則った制度として認められているわけです（図8-1参照）。

学校教育法では、第1条で、学校とは「幼稚園、小学校、中学校、義務教育学校[1]、高等学校、中等教育学校[2]、特別支援学校、大学及び高等専門学校と

---

[1] 小学校と中学校の間に区切りがない9年制の学校のこと。「小中一貫型小学校・中学校」とは別のものとして区分されています。義務教育学校は、ひとつの組織にひとりの校長とひとつの教員組織があるのが特徴です（文部科学省, 2017）。
[2] ひとつの学校として、一体的に中高一貫教育を行う学校のこと（文部科学省HPより）。

第8章　遊ぶ

```
┌─────────────────────────────────────────────────────────┐
│                  日本国憲法　第26条                       │
│ ・すべて国民は、法律の定めるところにより、その能力に応じて、│
│   ひとしく教育を受ける権利を有する。                       │
│ 2　すべて国民は、法律の定めるところにより、その保護する子女│
│   に普通教育を受けさせる義務を負ふ。義務教育は、これを無償 │
│   とする。                                               │
└─────────────────────────────────────────────────────────┘

┌─────────────────────────────────────────────────────────┐
│                  教育基本法　第6条                        │
│ ・法律に定める学校は、公の性質を有するものであって、国、地方│
│   公共団体及び法律に定める法人のみが、これを設置することが │
│   できる。                                               │
│                                                         │
│ 2　前項の学校においては、教育の目標が達成されるよう、教育を│
│   受ける者の心身の発達に応じて、体系的な教育が組織的に行わ │
│   れなければならない。この場合において、教育を受ける者が、 │
│   学校生活を営む上で必要な規律を重んずるとともに、自ら進ん │
│   で学習に取り組む意欲を高めることを重視して行われなければ │
│   ならない。                                             │
└─────────────────────────────────────────────────────────┘
                              ↓
┌─────────────────────────────────────────────────────────┐
│                     学校教育法                            │
│ 学校を学校として認めるための細かな規則が記されたもの。罰則 │
│ も明記されている。                                       │
└─────────────────────────────────────────────────────────┘
```

図 8-1　学校教育を支える法律の構造

する。」と明記されています（いわゆる一条校）[3]。

[3-2] 学習指導要領とは？

　学校教育法では、いつ、どれくらいの期間で、何を学ぶのかということを教育の目的に照らし合わせてちゃんと決めなさいよ、ということが定められています。日本全国、いつ、どの地域で教育を受けても子供達が一定の水準の教育を受けられるようにするためです。

　学校教育に関することを決めている国の機関は**文部科学省**です。学校教育法には、「教育課程に関する事項は文部科学大臣が定める」と明記されていて、文部科学省はこれに従って、学びの基準を設けています。それが「**学習指導要**

3　民間施設のフリースクールは、いわゆる一条校ではありません。しかし、平成28年に「**義務教育の段階における普通教育に相当する教育の機会の確保等に関する法律**」が施行され、不登校等で学習機会を十分に得られない児童生徒たちが通う場として注目されるようになりました。ただ、本章で学ぶ、**学習指導要領に則ったカリキュラムが組まれていないため、教育の質が確保されているかどうかという課題があるとも言われています。**

領」です。各学校は、この学習指導要領に基づき地域や学校の実態に応じて、教育課程（カリキュラム）を編成し、教育を行っています。例えば① 何を学ぶのか、② いつ学ぶのか、③ 何のために学ぶのか（目標）ということが決められているのです。

学校教育法には「学校教育法施行規則」というものもあって、「小学校では国語とか算数とかその他の教科を学習内容に含めなさいよ」とか「私立は宗教の授業加えてもいいよ」とか、「これくらいの時間は学びなさいよ（年間の標準授業時数）」といった学校を運用していく上で必要なことが定められています。学習指導要領は、こうした教育課程の具体的な内容を定めたものです。

学習指導要領は、子供達が学校で学ぶ基準ですので、時代に合わせて10年に一度の改訂があります。次ページの表8-1をみてください。改訂の変遷をみていくと、日本という国の時代背景が変化していることがよくわかります。

学習指導要領が改訂され続けているということは、それぞれの年代によって指導されてきた学習内容が異なるということになります。例えば平成10年に改訂された内容で教育を受けてきた世代は「ゆとり」といわれてきました。あなたが学校教育を受けた時代には、どんな改訂の影響があったのでしょうか。

[3-3] AIと遊んでみよう！

表8-1は、学習指導要領の変遷についてまとめたものです。これまでの学校教育の歴史を振り返り、どんな子供達を育てることが目指されてきたのか目を通してみてください。その後、生成系AIを使って、いえ、生成系AIと一緒に遊んでみましょう。

表8-1の内容について、生成系AI（例えばChatGPT、下記QRコード参照）と対話し、遊んでみましょう。AIは必ずしも正しい知識を持っているとは限りません。皆さんは、その隙を見付けられるでしょうか。

【遊び方の例】
・昭和33年に行われた学習指導要領の改訂のポイントは？
・平成10年の学習指導要領の改訂によって教育を受けた世代は何て呼ばれているの？

- 昭和52年と平成29年の学習指導要領の改訂の内容の違いは？
- 次はどんな学習指導要領の改訂があるかな？
- 私は昭和61年生まれなんだけど、平成元年の学習指導要領の改訂の影響を受けていると思う？
- 学習指導要領の改訂をテーマにした歌詞を書いて！
- 国語科の学習指導要領で一番大切なポイントって何？

【もっと遊びたい人のために】
(1) AIに単語だけを答えさせるような、AIへの指示文を考えてみましょう。どのような文章で指示を出せば良いでしょうか。
(2) AIに答えられない問い、学習指導要領の変遷に関してAIが間違った答えを説明してしまうような問いを考えてみましょう。

表8-1　学習指導要領改訂の変遷（文部科学省HPより筆者作成）

改訂時期	主な変更点
昭和22年 （1947）	・社会科を新設（社会的態度や社会的能力を養う） ・家庭科を新設（男女共に家庭生活に必要な技術を修める） ・自由研究を新設（同好会やクラブの時間が設定される） ・授業時数の改訂（年間の総時数で表記、弾力性を持たせる）
昭和26年 （1951）	・教科を4つの経験領域に分けた（① 学習の基礎：国語・算数、② 問題解決を図る：社会・理科、③ 創造的な表現活動：音楽・図画工作・家庭、④ 健康の増進：体育） ・家庭科の目標等を整理（他の教科と重複していたため） ・毛筆習字は国語学習の一部として4年生から課せる ・自由研究は解消、道徳教育が記載される ・教科課程から教育課程の表記へ
昭和33年 （1958）	・学習指導要領の位置付けを法的に明確化し、義務教育の水準維持を図った ・小学校は各教科、道徳、特別教育活動及び学校行事等によって編成することを明示 ・小学校における各教科及び道徳の年間最低授業時数を明示 ・道徳の時間を特設して、道徳教育の徹底を行う ・国語、算数、理科、社会に関する内容を充実 ・情操の陶冶、身体の健康、安全の指導が充実 ・小中学校の一貫性を図った
昭和43年 （1968）	・小学校の教育は人間形成の基礎であることを方針とした ・義務教育9年間を見通した、段階を踏まえた指導内容に精選した ・時代の進展に応ずるように改訂
昭和52年 （1977）	・道徳教育や体育を一層重視（知・徳・体の調和のとれた人間性豊かな児童生徒の育成） ・基礎基本を確実に身に付けると同時に創造的な能力の育成も重視 ・ゆとりのある充実した学校生活の実現（授業時数の削減） ・学習内容を中核的事項に留め、教師の創意工夫を加えた学習指導の展開を重視

平成元年 (1989)	・児童の発達段階や各教科等の特性に応じた柔軟な指導 ・基礎的・基本的な内容を重視した上で自ら学ぶ意欲や主体的な学習の仕方を重要視 ・社会の変化に対応できる能力の育成 ・生涯学習の基礎を培う観点の導入 ・日本の文化と伝統を尊重する態度の育成と国際社会に生きる日本人としての資質を養う
平成10年 (1998)	・国際社会に生きる日本人としての自覚の育成 ・総合的な学習の時間の創設（自ら学び、自ら考える力、「生きる力」の育成） ・完全学校週5日制（ゆとりのある教育活動の展開） ・年間総授業時数の削減と縮減（基礎基本の確実な定着） ・個別指導やグループ別指導、繰り返し指導など指導体制や指導法を総則に明記（個性を生かした教育）
平成20年 (2008)	・「生きる力」の理念の共有 ・授業時数の増加（確かな学力の確立） ・小学校での外国語活動の必修化 ・言語活動の充実 ・中学校での武道の必修化
平成29年 (2017)	・資質能力の三つの柱（学びに向かう力・人間性、知識及び技能、思考力・判断力・表現力）の整理 ・主体的で対話的で深い学びの視点の導入（アクティブ・ラーニング） ・主権者教育、プログラミング教育、消費者教育の導入 ・カリキュラムマネジメントの重要性 ・地域に開かれた学校の重要性

[4] 応用編：即興授業づくり＆実践をしよう！

[4-1] 学習指導要領は学びの大きな道筋

　応用編ではいよいよ授業づくりをします。本章のテーマは「遊ぶ」ですから、皆さんにはたっぷり遊び心を発揮してほしいです。ただ、授業で遊ぶという言葉の響きを聞くと「学習指導要領以外のことをやっていいの？」「期末テストまでに、教科書の範囲を終わらせないとヤバいんじゃない？ 遊んでいる暇なんてないよね？」と理想と現実は全然違うよ、と半分諦めの気持ちを抱いてしまうかもしれません。

　しかし、教科書はあくまでも教材であり、本当に達成しなければならないのは学習指導要領に記載された「教科の目標」です。例えば、下記は中学校の学習指導要領に記載された社会科の教科の目標です。

　　社会的な見方・考え方を働かせ、課題を追究したり解決したりする活動を通して、広い視野に立ち、グローバル化する国際社会に主体的に生きる平

和で民主的な国家及び社会の形成者に必要な公民としての資質・能力の基礎を次のとおり育成することを目指す。

実際に学習指導要領を読んでみると、「あれ？これでいいの？」と思いませんか。実は学習指導要領には、学びの大枠しか示されていないのです。

続けて中学校社会科の学習指導要領（平成29年改訂版）を読み進めてみると、地理的分野・歴史的分野・公民的分野の(1)目標、(2)内容、(3)内容の取り扱いが丁寧に示されてはいますが、「内容の取り扱い」の項目を見てみると、「これはあくまで展開例だから、学校の実態に合わせて自由に考えていいですよ」ということが併せて記載されています。

学習指導要領をじっくり読んでみると、実は、最低限教員が扱わなければならない枠組みは「教育基本法」の「教育の目標」くらい抽象度が高いのです。初学者にとっても「確かに、いいこと書いてあるなぁ」という印象を持ってもらえるでしょう。「教科書のこの単語も、あの単語も覚えさせなきゃ！」という教員の思い込みは何だったんだろう？と、きっとあなたも思うのではないでしょうか。学習指導要領は制限と思いきや、実は誰もが安心して指導できる・学べる大きな道筋として捉えることができるものなのです。

[4-2] 授業は「学びの実験の場」

学習指導要領を大きな道筋だと捉えれば、授業は道筋の上で安心して行える、学びの実験の場です。例えば、中学校の社会科の歴史的分野には次のような「内容の取り扱い」事項があります。

> 「日本列島における国家形成」については、狩猟・採集を行っていた人々の生活が農耕の広まりとともに変化していったことに気付かせるようにすること。

最終的に上記のことが達成されれば良いことを理解していれば、極端な話、教科書だけを教材として使用しなくとも良いわけです。

例えば、「日本ができた頃をパフォーマンスしよう！」という授業を設定してみてはどうでしょうか。グループに分かれて「当時の人たちは何をしていたのかな？」「言葉は話していたのかな？」「どんな生活をしていたんだろう？」と、具体的なシーンを演じるために多様な観点で当時の日本について思考し、

教科書や資料集を参照しながら判断し、仲間と一緒に表現をしていくでしょう。

「そんな授業、何が起こるかわからないし、展開が読めないからできないよ……」と思う方がいるでしょう。決められたことを決められた方法でこなす授業が楽だ！と考え、実践することは否定しません。確かに、あなたがどんな授業を展開するかどうかは、あなた自身で決めることができます。

ただし、そのやり方で本当に子供達が育つのかということを自問自答してみてください。予測のつかない未知なる未来を生きる子供達をどんな風に育てるべきでしょうか。答えのない未来を生き抜く力は、どうしたら育てられるでしょうか。あなたが子供達と実験することで、子供達はどんな学びの場を経験していけるのでしょうか。

[4-3] マニュアルではなく目の前の子供達とパフォーマンスを

いきなり「授業は実験だ！」と言われても、何から手をつけたら良いのかわからない人もいるでしょう。教壇に立って間もない頃は慣れないことだらけでしょうから、「教師用指導書」を参考にした授業を実施しても良いとは思います。この教師用指導書とは、教科書会社が作成した授業での指導例が併記してある教員のための教科書のことです。作成時に現場の教員も携わっているので、指導アイディアとして文句ない適切な教材だといえるでしょう。ただし、教員も子供も皆多様であり、それぞれの相性がありますから、そのマニュアル通りに教えても同一の学習効果があるとは考えづらいものです。

ですから仮に、あなたが教員として子供達が「やりたい！」「学びたい！」と思えるような場をつくりたいのであれば、マニュアルから目を離して顔を上げ、目の前にいる子供達の表情を、彼らが楽しいと思う遊びのツボはなんだろう？と探してみてほしいのです。さらに言えば、それをどのようにパフォーマンスして教えるのか、というところまで練習してほしいと思っています。

確かに、課題の工夫によって子供達のやる気が変わることは前章で実験済みでしょう。どんな課題を設定すれば子供達のやる気が芽生えるのかは、ある程度マニュアルに基づいて予想はできるかもしれません。ただ、本当にその仕掛けで子供達の心が動くかどうかは、教員の場づくりが、つまり実際のパフォーマンスが鍵を握ります。無表情で課題をだすときとニコニコ笑顔で楽しそうに

課題をだすときでは、学習者が受け取る印象は大きく異なります。歴史好きの先生が1人舞台を演じるような授業を想像してください。ただ淡々と教科書とノートを広げて歴史の説明を聞く授業と、どちらがより良い授業でしょうか。その場の教員のパフォーマンスは、子供達のやる気や学びに大きく影響しているのです。

すでに、この本を通してパフォーマンスし続けている皆さんであれば「同じ本の課題を実施しているのに、こんなに皆のパフォーマンスが違う！」と感じていることでしょう。そのとき、その場にいる皆さんでつくる場の雰囲気はその瞬間にしか生まれません。何度もお伝えしますが、ひとりぼっちの頭の中の想像は妄想でしかありません。その殻を飛びでて自分以外の他者と関わるからこそ、予想もつかない出来事が目の前で起こり、それに対応することがあなたをより教員らしくしてくれるのです。

本章であなたが考える授業も同様に、必ず誰かと一緒に教員のパフォーマンスを練習してください。生徒になりきる仲間のパフォーマンスでさえ予測のつかないことだらけなのですから。

[4-4] 授業の再生産に注意！

さぁ、そろそろ子供達のための授業づくりがやりたくなってきましたか。授業を遊びの場にするために、どんな工夫をしたら良いのか考えたくなってきたでしょうか。

子供達は1日の3分の1以上を学校で過ごします。そのうちの大半は学習活動、いわゆる教科内容を学んでいます。ここで、胸に手を当てて「どの教科の勉強も本当に楽しかったか」とあなた自身に問いかけてみてください。もし「勉強は辛いもの」「ちょっと嫌なもの」などネガティブな側面ばかりを思い浮かべているとしたら、要注意です。なぜなら、あなたが教科の勉強を楽しく感じられるような授業を受けてきていない可能性があるからです。もしそうなのだとしたら、自分が受けてきた授業を再生産してしまうかもしれませんので、この応用編で沢山遊ぶ練習をしてください。あなたが普段楽しい！と思っていることを思いだしてください。

また、あなたが「授業はつらくても耐えるべきもの！授業という理不尽な

空間で耐えることが人格の完成につながるのだ！ 私がそうだったように！」と考えているとしたら、あなたが経験したことを子供達にも同じように経験させることの意義と必然性について再考してみてください。子供達を納得させられるだけの説明に基づいた上で、あなたが理想とする授業を実施してほしいと思います。

[4-5] 遊びこそ発達の原点！

　私がなぜ、授業で遊んでほしいのか。ここではそれを説明したいと思います。「え、授業だから遊ぶのはまずいのでは……」と思う人がいるかもしれません。確かに、子供達が遊んでいる授業をみると「これって何の学びがあるんですか？（活動あって学びなし⁉）」と訝しげな顔で批判をする先生がいます。授業者にそのようなツッコミを入れてくる先生に私も出会った経験があります。「楽しいだけで終わっていいのか。その後の学びは何かを考えているのか」と、学びとは知識を得るものだという学習観にとらわれている教員が多いので、そうした発言をするのは理解できます。

　私はそんなとき、ロシアの心理学者ヴィゴツキーの理論をお守りにしています。ヴィゴツキーは**遊びこそが発達の原点**であり、**遊びは「背伸び（a head taller）」をつくりだす**と説明しています。どういうことかもう少し詳しく説明しますね。

　例えばごっこ遊びは、あなたがあなたの好きな誰にでもなることができる遊びです。ちょっと背伸びをして、仲間と一緒に自分ではない誰かになり続けることを楽しむものです。ごっこ遊びは、誰かのパフォーマンスをし続けることで予測のつかない未来に対応する練習を繰り返しているのだと第０章でも説明しました。頭の中を飛びだした世界と関わることで、他者とのやりとりを練習しているのだ、その背伸びこそが人間の発達であり、より良い未来に向けた大切な過程であると説明しました。

　もちろんごっこ遊びに限らず、遊びは今の自分が完璧にできるとは限らないことに挑戦できるものです。未来に何が起こるのかわからない状態で、予測のつかない未来に即興で立ち向かっていける不思議な力を持っています。遊びは、常に不安定な未来に対応する練習を失敗を恐れずに挑戦させてくれるもの

なのです。実はその練習は、大人になった今でも必要なことです。完璧な人間関係がないように、完璧な人格がないように、私達は常に人生という即興の練習と本番の時間を過ごしています。他者との関わりは常に練習であり、同時に人生の本番でもあります。

繰り返しになりますが、遊びはごっこ遊びに限らず、他者と即興で予測のつかないことに取り組むパフォーマンスの連続です。自分の思い通りにならない相手と関わり続けながら、しかもそれを楽しんで行うことに特徴があります。だからもっとやりたくなるし、もっと挑戦してみたくなるものです。そのような遊びを授業で取り入れない理由があるでしょうか。

学校教育の目的は人格の完成を目指すことです。人格はひとりぼっちの空間で鍛えるよりも、多様な他者と関わることで鍛える方がよっぽど効率的でしょう。子供達の人格を育成する訓練こそ授業の中で最も力を入れるべきことなのだとしたら、遊びはその訓練手法として適切な方法だといえます。遊びは他者と即興で関わる練習です。授業の中で遊びがあれば、実は人格の完成練習を繰り返し行うことができるのです。

[4-6] 勇気をだして遊ぼう！

ただ、これだけ「授業で遊ぼう！」とお伝えしても、なかなか「よし、じゃあやってみよう！」とはならないかもしれません。そんなときは、子供達をお手本にしてください。子供は背伸びが上手です。誰かに何かを言われたらどうしようという自己検閲もありませんし、失敗を恐れずに遠慮なく挑戦し続けます。子供こそ、発達の頂点を生きているのかもしれません。子供が発達の頂点だなぁと思うエピソードとして、小学校１年生の授業を挙げてみます。私も小学生のときに経験しましたし、大人になった今でも学校見学に行くとよくみる風景です。

授業中、「誰かわかる人いますか？」という教員の発問に「はいはいはい‼‼‼」と一生懸命に手を挙げる子供達がたくさんいるシーンを想像してください。とある子が当てられ得意げに立ち上がり、さて、何を言うんだろうと思ったら「……忘れました」と発言する瞬間です。「あの勢いはいったい全体何だったんだ⁉」と思わずクスリとしたくなる、あのエピソードです。「はい

はいはい!!!」と一生懸命に手を挙げる子供達の姿こそまさに、THE 発達だと思いませんか。あの子供達のやる気を想像してください。何なら、今、あの子供達をあなたが実際にパフォーマンスしてみてください。

　（ものすごい勢いで片手を挙げて元気よく）「はいはいはいはい!!!!」
　（当てられて、ちょっと困った顔で）「……忘れました」

　あの生き方こそ、最高の発達の瞬間です。一生懸命に手を挙げることしかしていない、何かへの挑戦しかない、その場の空間を真剣に生きることしかしていない。その煌めきは、完成を目指す人格の根幹として失ってはならない大切なものなのかもしれません。子供達は、私達にそれを教えてくれる貴重な存在です。

　一方で大人は自意識が芽生え、いつか誰かに勇気をくじかれた経験があることから、何かに挑戦して背伸びをしたり、できるかどうかわからないことに取り組んだりすることが苦手です。授業を遊ぶ⁉ 遊びとして授業をつくる⁉ ということに挑戦することでさえ、もうすでに自信を失いつつある人がいるかもしれません。しかしだからこそ、遊びの性質を思いだしてください。遊びは遊ぶことが目的です。楽しむことが大切です。そのえいや！の挑戦こそが、あなたを発達させてくれるのです。

　自信を失ったときこそ、子供達の遊びを思いだしてください。子供達にとっての遊びは真剣そのものです。秘密基地をつくりスーパーマンになったり、スニーカーをガラスの靴に見立ててシンデレラになったり、皆で背伸びし合って未来の自分達になっていきます。中学時代のカラオケやボーリングを思いだしてください。プロの歌手でなくても、プロボーラーでなくても、仲間とちょっと背伸びして、歌手のフリをして歌うことやハイスコアを狙ってボーリングをすることを楽しんでいたはずです。できるかどうかわからない状態で、仲間の前で挑戦できるあの瞬間が、仲間同士でえいや！と笑い合えるあの瞬間こそが、発達の原点そのものなのです。遊びを真剣にできる子供は発達し続けるでしょう。だからこそ授業でも、遊びを取り入れようではありませんか。

[4-7] 授業づくりの２つのヒント：PBL 方式と SBL 方式

　遊びを取り入れた授業づくりのヒントは２つあります。１つ目は、SBL（Subject Based Learning：科目進行型学習）よりも、PBL（Problem／Project Based Learning：

課題／プロジェクト進行型学習）の方式で授業づくりをした方が遊びに近いということです。SBL方式は科目進行型学習のことで、知識授受型のいわゆるチョーク&トーク形式の授業方法です。学ぶべき内容を基礎から積み上げ、最後に応用させるというこれまでの一斉授業に多い方式です。例えば鬼ごっこをSBL方式で実施してみます。

　教員「今日は鬼ごっこについて学びます。鬼ごっこは鬼が逃げる人を捕まえて鬼を交代していく遊びです。まず、私が鬼をやってみせますからみていてください（教員が走る）。はい、では気付いたことを教えてください。」
　児童A「鬼は誰かを捕まえようとしている様子がありました。」
　教員「はい、そうですね。鬼は逃げる人を捕まえる役割があります。そのためにはどのようにしたら良いと思いますか。」
　児童B「速く走る必要があると思います。」
　教員「そうですね。それでは次は、逃げる人をやってみます（教員が走る）。はい、では、次に気付いたことを教えてください。」
　児童C「いろいろな場所に逃げて走っています。」
　教員「なぜだと思いますか。」
　児童D「えっと……鬼に見つからない、あるいは捕まらないようにだと思います。」
　教員「はい、正解です。では次に、捕まえるときの動きをやります。ここに逃げる人がいるとします。私は鬼です。鬼役は逃げる人をこのようにタッチします。これで捕まえたということになります。このとき身体の一部に触れた場合もタッチしたことになるので注意してください。この後はどうなると思いますか？」
　児童E「タッチされた人は次の鬼になると思います。」
　教員「はい正解です。ではここで、鬼ごっこのルールを確認してみましょう。それが終わったら、鬼ごっこのテストをします……」

といったように、SBL方式は、教員が最初に何を学習するのかを児童に提示し、1つ1つ基礎を積み上げて学習内容を学ばせ、最後に応用問題を解かせていきます。例えば「今日は豊臣秀吉が行った楽市楽座について学びます」と学習内容を説明した後で「なぜ楽市楽座をつくったのか考えよう」と基礎を積

み上げさせ、戦国時代の全体を学んでいき「戦国時代の年表をつくってみよう」という応用課題を実施させるというのがわかりやすいと思います。
　一方で、PBL方式は課題解決型学習のことで、解決すべき課題やプロジェクトが先に提示されることに特徴があります。ここでは鬼ごっこをPBL方式で実施してみましょう。

　　教員「今日は鬼ごっこをします。鬼に捕まらないように逃げる遊びです。では鬼を決めます。あなたが鬼です。皆さんは鬼の人が十数えるうちに逃げてください。捕まった人が次の鬼です。質問はありますか。」

　　児童A「どこに逃げても良いのですか。」

　　教員「質問ありがとうございます。校庭の敷地内であればどこに逃げても良いです。他に質問はありますか。ないようなので始めましょう。用意、スタート！」

　　児童B「どうしたら鬼に捕まらない⁉ 速く走らないと！」

　　児童C「サッカーゴールの裏なら捕まえにくいのでは！ あっちへ行こうよ！」

　　児童D「先生！ 鬼にタッチされたのに、Eさんが鬼になりません！」

　　児童E「だって、髪の毛に触っただけで服には触ってないよ！」

　　児童F「髪の毛も身体の一部なんだからタッチしたことにした方がいいんじゃないかな？」

　　児童G「ちゃんとそのルール決めようよ！……」

といったように、PBL方式では、子供達にとっての鬼ごっこという課題が先にあり、それを解決するためにどうしたら良いか、必要な知識は何かということを含めて学習者自身が考えて学んでいきます。課題解決の過程が共同作業であれば、より他者との関わりの練習になるでしょう。例えば、先ほどの豊臣秀吉の楽市楽座についていえば「戦国時代の歴史ドラマを皆でつくろう！ 第一話は楽市楽座で！」という課題を先に提示し、そのために必要な知識を学習者たちが身に付けていきます。教員は資料を用意したり補助的なアドバイスをしたりする役割として機能し、子供達は誰が登場するのか、ストーリーはどうするか、セリフをどうするかと主体的・対話的で深い学びを体験していくでしょう。

このPBL方式を意識してみると、授業はグッと遊びに近づきます。やるべきことが先に提示され、それが楽しそうな課題であれば子供達は自分達で遊んでくれるでしょう。授業づくりの際にはこうした課題の提示の仕方をヒントにしてください。

[4-8] 授業づくりの2つのヒント：教員も答えを知らないこと

　授業づくりの2つ目のヒントは、子供達と一緒に何か新しいものを創造するような課題や教員自身も安定した答えを知らないような、蓋を開けてみないとわからないような課題を設定することです。

　例えば、先ほどのPBL方式の説明をした通り、社会科の授業で「歴史ドラマをつくろう！」という課題を設定したとすれば、子供達はどの時代の誰がどのような人間関係で、どんな政治権力争いがあって……と時代背景を調べ始めるでしょう。それがどのような脚本になり、どのようなパフォーマンスになるかどうかは教員も蓋を開けてみなければわかりません。一方で、教科書や資料集に沿って教員が時代背景を説明し、パワーポイントに映った用語をプリントに穴埋めさせる授業は、教員が答えを知っていて、子供達にその答えをお披露目するだけの時間を過ごさせることになります。

　教員が答えを知らないというのは遊びも同じです。遊びはどういう展開になるのかわからないから面白いものです。正解も不正解もない、ただ遊ぶことが目的だからこそドキドキし、ワクワクし、皆が夢中になります。教員が授業づくりの際に「この授業をしたらどうなるかな？」と楽しめたら最高です。そこからすでに遊びは始まっています。

　また、遊びは、自分がやったことのないようなことにも挑戦できるのがポイントです。それが遊びの不思議な魔力でもあります。遊びであるという前提が、失敗への恐れを軽減させるのかもしれません。授業も同様です。教員が答えを知らないからこそ、子供達がやってみたい！と思えるきっかけを生みます。逆に、教員が答えを知っていることで、それが楽しい遊びとして成立しない授業の方が多いのかもしれません。

　こうした、教員が答えを知っている授業の話を知人から聞いたことがあります。彼が学校見学に行った際、教員がとある生徒を当てて何かを回答させよう

としていたそうです。

　教員「この問題の答えは？」
　生徒「お前が答えろよ。お前、答え知ってるんだろ？」
　上記の場面を、あなたはどのように捉えるでしょうか。生徒の素行が悪いとか、生徒に何か課題があるとか、そういう目線で捉えるかもしれません。しかし、思いだしてください。教員はどんな権利があって、児童生徒達に学習をさせているのでしょうか。教員には、教育を受けさせる義務はあるかもしれませんが、子供達には学ぶ義務はありません。そもそもその場に座り、教室空間で授業というシステムを一緒に維持してくれるということがいかに有り難いことなのか、そのことに感謝さえすれど、「なんで答えないんだ⁉」と注意する権利があるのかどうか、そのことを考えさせられる場面です。

　その生徒にとって、学校の授業は「教員が答えを知っていて、それを当てるだけのゲーム」でした。その生徒は、自分には正答できるだけの知識がないので、自分がゲームに勝てないことを知っていたのです。だからこそ、自分の知識の有無を試されるというゲームの方式がその生徒には楽しくありませんでした。そのゲームを遊ぶ意味が見出せなかったのだと思います。皆さんは、自分が明らかに勝てないゲームに挑戦したいと思いますか。それを遊ぼうという気持ちになれますか。その生徒がそのゲームに参加したくないという気持ちを教員が理解しないまま、ただ彼にとって苦痛の授業時間を過ごさせるということの方が問題なのではないでしょうか。

　子供達に恵まれた、子供達が教員に付き合ってくれる環境であれば、教員が答えを知っていて、それを当てさせるというゲームによる遊びが成立するでしょう。ただ皆さんが、そうした遊びを本当にしたいのかどうかということも考えてみてほしいと思います。

　教員も答えを知らない、誰が勝つのかわからない、どんなものが生まれるのか誰にもわからない。未知なる社会に対応していく力を育てる学校だからこそ、授業そのものも「どうなるのかわからない！ドキドキ！」であるべきなのではないでしょうか。例えば、「今日はグループに分かれて、お互いに１分間の即興授業をやってみよう！」という実験をしたって良いのです。

　ただし、１点、気をつけておいてほしいことがあります。教員も答えを知ら

ないということは、知識がなくても良いということではないということです。教員はその教科の専門家であるべきです。教員が知識を持っていることで、子供達の挑戦の可能性は広がります。子供達の現状に合わせるとき、その知識の使い方は教員にとって未知であっても良いということです。

例えば、歴史ドラマをつくっている途中、「この時代の〇〇はどんな口調だったんだろう？」という疑問を子供達が持ったとき、サッと教員が答えられたら脚本書きはどんどん進んでいくでしょう。「この権力関係はなぜ、ここでひっくり返ったんだ!?」という疑問を持ったとき、教員が「教科書の〇ページに書いてあるよ！」と即答できたら、子供達はそのページに飛びつくと思いませんか。

仮に、普段の授業で「はい、教科書の〇ページを開いてください」と教員が指示をしても、教科書もノートも開かないような子供達が夢中で教科書を読み込もうとしているとしたら。その様子をみるだけで、「やった！」と心の中でガッツポーズをするでしょう。

教員は、子供達に向かって何かを教えようとするような一方通行の立場ではなく、一緒に何かをつくってみようという立場で授業をしてみた方が、教員の予想を遥かに上回る何かが起こり、教員自身も楽しめる場になると思うのです。

ここまで、学習指導要領は大枠であること、その道筋に沿っていれば思い切り冒険して遊んで良いこと、怖くなったら子供達の勇気をお手本にすること、そして実際の授業づくりの2点のヒントをお伝えしてきました。

では、お待たせしました！ 遊びの授業をつくり、仲間と実践してみましょう。

［手順］
(1) 指導する教科の学習指導要領に記載された下記2点を確認します。
   (a) 教科の目標
   (b) 自分が特に取り扱いたい内容と、内容の取り扱い（文部科学省のHPに記載）。
(2) 上記の目標が達成できるような遊びは何だろう？と考えながら、表8-2の項目に沿ってセリフを用意します。

（表8-3、4と授業づくりのヒント集を参考にしてください。）

(3) 7～11人組をつくり、お互いに授業を実施します（時間設定は自由に）。
(4) 授業実施後に p.142 の学びのふりかえりを行います。

表 8-2　学習指導案（略案）の例

時間	教員の指示 （児童生徒がやりたくなる仕掛け）	児童生徒の活動	備考
	1. 活動の目標（めあて）を伝える この活動のめあては、 　　　　　　　　　　　　です 2. 活動の指示をする		

表 8-3　授業づくり：カードを用いた遊び例

遊びの種類	遊びの概要	活用のヒント	活用例
ババ抜き （トランプ）	手札を均等に配る。同じ数字が2枚揃ったら出札に捨てられる。先に手札をなくした人が勝ち。	「ペア」で揃えられるものに設定する。単語と意味・役割の組み合わせなど。	消化器官を学ぶ→「胃：タンパク質を分解」「小腸：最後の消化と大部分の栄養素を吸収」「肝臓：栄養素の貯蔵・有毒物質の解毒分解・胆汁の合成・分泌」「胆のう：脂肪を分解する胆汁の貯蔵」「すい臓：すい液とホルモンの分泌」「大腸：食物繊維を分解し、排泄」など。

	遊びの種類	遊びの概要	活用のヒント	活用例
カードを用いた活動	大富豪（トランプ）	手札を均等に配る。前の人よりも強い数字を出していき、先に手札をなくした人が勝ち。	強さの順番は「並べられるもの」に置き換え設定する。	歴史の年表と人物を学ぶ→「縄文・弥生・古墳・飛鳥・奈良・平安・鎌倉・室町・戦国・江戸・明治・大正・昭和時代」を数字の1から13に置き換える。それぞれの時代に生きた歴史上の人物を4名ずつ挙げ、4種類のマークの代わりに用いる、など（北, 2022）。
	ブラックジャック（トランプ）	カードを2枚引いて合計が21に近い人が勝ち。21を超えたら負け。	数字を「該当する人数」に置き換えて設定する。	仲間について知る、共同を学ぶ→「今日、朝ごはんが納豆だった人？」「そばかうどんだったらそば派の人？」等、仲間に聞く質問を考えさせる。2回質問をさせて、合計21人を目指す。
	カルタ	読み札に該当するカードを一番早く取った人が勝ち	カルタの読み札は「ヒント」にする	47都道府県を学ぶ→各都道府県の特徴や名産品を読み札にする。／古語を学ぶ→古語の意味や例文を読み札にする。
	カテゴリ分類	与えられた手札をカテゴリに分類する	既成のカテゴリに分類するだけでなく、新しいカテゴリに分類しても良い	生き物の分類について学ぶ→具体的な動物が描かれたカードを配布し、分類させる。

表8-4 授業づくり：単語や役割を当てる遊びと新しくひらめく遊び例

	遊びの種類	遊びの概要	活用のヒント	活用例
単語や役割を当てる活動	これなぁんだ？	問題出題者（マスター）が「はい」「いいえ」「どちらでもない（わからない）」で答えられる質問を周囲の人がして、制限時間内にお題の単語を当てる。	「制限」を設けることで単語の意味・性質を理解したくなる動機づけを活用する。制限の具体例は右セルを参照。	どんな領域の単語でも活用可能。例えば、教科書の該当ページ内から、〇〇時代から選ぶ、お題は数字で質問は数式のみで行う（答えは7の場合「それは10+1より大きいですか？」）など。
	インサイダーゲーム（著作権：Oink Games）	「これなぁんだ？」と同じルール。ただし、回答者の中に1人だけ「インサイダー（答えを知っている人）」がおり、その人は回答者達を正解に誘導することができる。正解した後、誰がインサイダーかを皆で当てる。インサイダーは、自分がインサイダーであることを当てられたら、負け。	「誰」がインサイダーかを当てるという条件が加わるので、回答者が質問の難易度を調整したくなる動機づけを活用する。	その他、回答者全員に異なる単語を配布し、1枚だけ正解を含ませる。インサイダー本人も自分自身がインサイダーということがわからないので、「配られた答え」に惑わされながら「本当の答え」を回答する楽しさを体験する、など。

	ヤクアテ (寺内, 2018)	特定の役割を秘密裏にメンバーに割り当てパフォーマンスをし、それをみている聴衆が、何の役割であったかを当てる。パフォーマーは役割を当ててもらった分だけ得点になり、聴衆は当てた分だけポイントになる。	お互いの役割が何かを隠しながらパフォーマンスをする楽しさが動機づけとなる。	音楽の即興演奏で「スター（主役）」「マイペース」「気配り」「トリックスター（かく乱する）」「狩人（普段は無口でここぞというときに効果的な音を出す）」の役割を与え、誰がどの役割かを当てる。第二次世界大戦参加国の会談のやりとり場面を設定し「日本」「アメリカ」「ドイツ」「イギリス」「フランス」の役割を与え、誰がどの国かを当てる、など。
新しくひらめく活動	続きは？	何か（例えば物語）の続きを考える。	教員も答えを知らない「未知」の課題を設定する。	物語（もし、メロスが間に合わなかったら？）、生物の進化（人間は空を飛べるようになるか？）、過去の事件（もし、ペリーが来航していなかったら？）など。
	ディベート	2チームに分かれてお互いの意見を主張し合う。より説得力のあるチームの勝ち。	根拠に基づいて相手を説得させることを活用する。	生物の特徴を学ぶ→複数のチームに異なる動物を割り当てて「どの動物が一番強いか？」を議論する場合のように、チーム数を増やしても良い。
	朗読劇	文章を読みシーンを演じる	オーディエンスに観せるという動機づけを活用し、「シーン」を作る活動を設定する。	「梯子を買うために木の高さを知りたい場面」を設定し、$\sin\theta$、$\cos\theta$を用いた公式をセリフに含めた朗読劇を作る、など。
	何してるの？	p.120参照	条件の制限を「人間の活動に関すること」に設定する。	江戸時代について学ぶ→「江戸時代の生活に限定」し、当時の生活について調べ学習をした上で実施する、など。
	ラウンドスケッチ (奥村, 2022)	p.76 参照	絵の「お題」を自由に設定する。	「見たことのない生き物」「100年後の人間」「理想の生活」「動物園」「健やかな身体」「日本地図」「源氏物語」「生命の尊さ」「国際貢献」など。

[4-9] 授業づくりのヒント集

【目標・めあて】

○○について知ろう、調べよう、理解しよう、まとめようは要注意。「知ったから、調べたから、理解したから、まとめたから、何？」と子供達が感じないための活動の行先は？ まとめる、調べる、理解する理由は？ 発表し合う理

由は？ その活動を終えた後、子供達にどうなってほしい？ 迷ったら学習指導要領を読みましょう。

【子供達がやりたくなる仕掛け／教員の指示】

知識授受型（児童生徒の反応を確かめつつ説明する）になっていませんか？ 理解しろ、といって理解するのであれば教員の存在は不要です。〇〇について理解させると学習指導案（表8-2）に記述していませんか？それは「仕掛け」ではないので、もう一度考えてみましょう。

子供達が、頼まれていないのにやりたがることや夢中になることは？ ゲーム、おしゃべり、カラオケ（歌うこと）などがなぜ楽しいのか説明できますか？ ただ楽しむことが目的の活動を勇気をだして設定してみてください。

勝敗がつく・何かを集める・グレードアップする・育てる・身体を動かす・答えのないものに挑戦するといったワクワクの正体は何でしょうか？ 表8-5学習意欲を喚起する4基準を参考にしてみましょう。

表8-5 学習意欲を喚起する4基準（有元，2012）

4基準	定義
Reality	現実感・社会とのつながりが意識されているか／身近な生活と関係があるのか
Identity	自分ごととして捉えられる課題か
Significance	知識や技能の意義を感じられたか
Participation	参加意欲をかきたてるか

子供達の目線に立ってあなたの活動を下記レーダーチャートで表すとどうなるでしょう？ 子供達はどんな評価をすると思いますか？

図8-2 授業づくりのレーダーチャート

Column 13：アクティブ・ラーニングと受験用の知識を教える授業の両立はどうすれば？

　子供達がどんな授業を望んでいるのかは状況によって異なるので、私がここで答えをだすことはできません。ただこれだけは知っておいてほしいことがあります。それは「子供達は自分に必要だと思ったら自分で勝手に勉強する」ということです。

　詰め込み式での知識伝達は、学習者が「心から知識伝達されたい（好きなアイドルのトークショーなど、一方的に話を聞く場合であっても話し手が魅力的で時間を忘れて楽しいと感じられる、あるいは話し手の話す内容が自分にとって非常に意義があり、その知識を役立たせられる場面をすでに自覚している）」と思っている場合に限り、有効だと考えています。いわゆる「**動機づけ**」があるかどうかです。

　学校教育の場合、学んだ知識を「いつ」「どこで」「どのように」利用することができるのかを説明して授業する教員はほとんどいません（嘘だと思うかもしれませんが、教育実習や学校ボランティアの際の先生の授業をみてみてください）。それでも子供達は黙って椅子に座って授業を受けています（本当に偉いと思います）。

　幸せになるための学校なのに苦痛を感じる子達さえ生まれてしまうのです。勉強は何のためにするのか？　その知識はいつどこでどのように役に立つのか？　学校だけが「そんなこと気にしなくていい。いつか未来に役に立つから」と言ってごまかすことが許されるのです（ごまかすことさえしない教員もいます）。

　ここで、日常生活の中での学びをふりかえってみてください。例えば動画編集をする際「どうやって編集すればいいんだろう？」と知識を得ようとするでしょう。私達人間は何かをやりたいという動機が先にあって知識を得るのが自然なのです。レイヴ＆ウェンガー（1991）はこのことを、「**知識は学習の副産物**」だという言葉で説明をしています。

　学校はこうした人間のあり方を無視していることが残念なことに多いのです。ただ、知識伝達型を否定しているわけではありません。先に述べたように、学びたいと思わせる手法が知識伝達型であるという文脈もありえるからです。学校は先人の知恵を学ぶ場なのだとしたら、その知識を学びたいと思わせる場づくりが必要になると思いませんか。そのために教員はどんな工夫ができるでしょう。最後にこれだけは繰り返し伝えておきます。「授業は**内容ではなく手法**」。子供達が学びたいと思う手法を身に付けて素敵な先生になってほしいと思っています。

[5] 学びのふりかえり

*児童生徒として仲間の活動で遊んでみて
- どのくらい、何が楽しかったですか？
- こうしたらもっと楽しい！という工夫は何でしたか？ 仲間に伝えてください。
- 本当の学びとは何だと思いましたか？

*教員として仲間と遊んでみて
- どのくらいあなた自身が楽しかったですか？ 何が楽しかったのですか？
- あなたの教員としての強みは何だと思いましたか？
- もっとこうしたい！と思ったことは何ですか？
- 子供達は何を学んだと思いますか？ 本当の学びとは何だと思いますか？

ふりかえり
4つの木！ 　　　　　　　　　　　　　　　未来のあなたへのメッセージ
①気に入ったこと、②気になること、③気付いたこと、④キープしておきたいことを書き留めておこう！

⚠ このページは指示があるまで読んではいけません ⚠

[秘密の授業] 課題B

秘密の授業　課題B

あなたのグループの課題は以下の3点です。

(1) 受講者全員が先輩全員と一度は対話をすること。
(2) 教員が受講者全員と一度は言葉を交わすこと。
(3) 受講者全員がひとり一度は笑顔になること。

▽注意
・教員と話をしましょう。「私たちを観察しましょう」「一度は笑いましょう」。ただし、上記のことを直接指示してはなりません。
・「対話」とは「自分のことや自分の考えを互いに伝えあうこと」です。
・授業時間は「5分」です。
・課題が達成できたらすぐに5分間の授業を終えてください。
・授業の目標は「より良い教員になること」です。受講生の手応え・内省は問いません。教員を目指す受講生をその気にさせてください。

どうしたら上記の目標を達成できるでしょうか？

【ステップ課題】上記の課題は前項、1と2、そして下記の課題にも準拠しています。

(4) 対話した内容を皆の前で発表すること。
(5) 受講者から教員と言葉を交わした人を求めること。

変化する

第8章で実践した授業はどうでしたか。たくさん遊ぶことはできたでしょうか。これまで、演じたり、共同したり、対話したり、みたり、支えたり、やる気にさせたり、遊んだりと身体をたくさん動かしてパフォーマンスをしてきました。仲間とお互いに刺激し合いながら、少しずつ勇気を出して他者と関わり合ったことで、教員として発達しつつあるのではないでしょうか。

さて本章では、変化する、という観点でパフォーマンスをしてみます。子供達が人格を完成させていく過程で、あなた自身が変化せず、ただの傍観者として存在しているわけにはいきません。教員もひとりの人間ですから、人格の完成を目指して子供達と一緒に変化をしていく必要があるでしょう。

本章では変化することを練習するための素材として、「評価」を取り上げます。そもそも、どうして学校では成績という評価をしなければならないのでしょうか。

教員は何の権限があって、子供達に成績評価をつけることができているのでしょうか。このことを考えるヒントとして、本章では文部科学省が説明している「指導と評価の一体化」という言葉を紹介します。詳細は後ほど学びますが、教員は評価をすることで自分の指導を見直すことが求められています。例えば、子供が受け取る評価が低ければ、それは教員の指導の仕方が十分でない！と考えるのです。授業中、やる気があっても、教員の説明の仕方が下手で理解できず、ペーパーテストで得点できなかったことはありませんでしたか。そうした場合、教員こそが指導のあり方を変化させる必要があります。子供の評価は教員の指導を写した鏡そのものだからです。

つまり、子供達を変化させるよりも先に、あなた自身が変化する必要があります。さぁ、心と身体を動かす準備はできましたか？

[1]「変化する」際のポイント

「変化する」ときのポイントは、リフレーミングです。**リフレーミングとは、物事の枠組みの見方を変えることです**。例えば、勉強ができない子を想像してください。あなたの見方のカメラは、おそらくその子自身に焦点が当たっているでしょう（下記イラスト①参照）。では、その子から、そのカメラをグッと引いてみてください（下記イラスト②参照）。その子の勉強のできなさは、その子自身だけにあるわけではないことがわかります。学校というシステム、その子が理解できるまで指導できなかった、あるいはその子が学びたいと思えるような場をつくれなかった教員、科目の特性（その子は運動場にでたら、できる子になるかもしれません！）、などなど……カメラワークによって、その子に対するみえが変化するでしょう。

人間は、自分のみたものを正しいと思いがちです。図9-1はムンカー錯視と呼ばれる渦巻きです。ぜひQRコードから色付きの画像をみてみて下さい。黄緑色と水色の渦巻きがあるようにみえますが、実はどちらも、同じ色なんです。渦巻きの線がそれぞれオレンジ色とピンク色で構成されており、間の色がそれぞれの色に同調してみえてしまうので黄緑色と水色にみえるそうです。

自分の目でみたもの、感じたものだけを正しいと思い込んでいることに気付きましたか。それが人間の性質ですから、特に気に病む必要はありません。むしろ、そういうものだと気付いたことが重要です。今、まさにあなたが変わるチャンスだからです。自分の目でみたもの、感

図9-1　ムンカー錯視（Kitaoka, 2003）

じたものだけを正しいと思い込むのではなく、見方をチェンジしてみようという心構えを持ってみてください。さぁ、あなた自身が変化するためのパフォーマンスの練習をしてみましょう！

[2] ウォーミングアップ：はぁっ？ていうゲーム教員編
　　　（米光，2018 より改変）

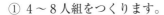

① 4～8人組をつくります。
② 1～8のそれぞれの数字が書かれたくじ引きを用意します。
③ 紙を4つ折りにしてどの数字かわからないように混ぜます。
④ 1人1枚引きます。引いた数字は全員のパフォーマンスが終わるまで皆に教えません。
⑤ 1人ずつ、表 9-1［パフォーマンス表］をみて、引いた数字のパフォーマンスをします。
⑥ パフォーマンスの際は「首から下」を動かしてはいけません！ 表情と指定された言葉のみだけで表現します。余計なセリフは付け加えてはいけません！
⑦ 周りの人はそのパフォーマンスが何番のパフォーマンスかを推理し、表 9-2［推理＆得点表］に予測の番号を記入します。
⑧ 全員のパフォーマンスが終わったら、正解を教え合います。
⑨ 数字を当てたら1点、当ててもらったら当ててもらった人数分の点数が入ります。
⑩ 一番得点の高かった人が優勝です。

表 9-1　パフォーマンス表

番号	初級：「おー」	中級：「大丈夫」	上級：「うーん」
1	正確な発音を子供に示すためのアルファベットの「おー」	動揺している子供を安心させるときの「大丈夫」	子供と一緒に悩んであげるときの「うーん」
2	凹んでいる子供達を励まして「おー」	具合が悪そうな子供を心配して「大丈夫」	子供からの可愛くて無理なお願いを聞けなくて困っているときの「うーん」
3	子供から意外な回答がでて「おー」	無理なお願いを子供にされたとき、私に任せなさいの「大丈夫」	トイレで踏ん張っているときの「うーん」
4	子供の意図がまだ読み取れていないけどとりあえず反応するときの「おー」	とにかく格好つけたいとき、キザに「大丈夫」	授業中、口癖として出てしまうときの「うーん」
5	休日に繁華街で子供に声をかけられて「おー」	子供に突然話しかけられてビックリしたときの「大丈夫」	テストの採点に不満があると文句を言いにきた子供に対して「うーん」
6	子供が数学オリンピックで優勝して「おー」	大丈夫じゃないけどそれを悟られたらまずいときの「大丈夫」	子供から「なぜ勉強をしなければならないのですか？」と突然聞かれて「うーん」
7	自分のクラスが運動会で優勝して喜びの「おー」	歌詞の一部としての「大丈夫」	子供から想像もつかないようなアイディアがでて「うーん」
8	何人もの子供に同時に話しかけられてパニックの「おー」	子供が楽観的に捉えすぎていて心配しているときの「大丈夫」	子供と一緒に探し物を探しているときの「うーん」

表 9-2　推理 & 得点表

セリフ	名前		私								
初級　おー		予測									
		正答									
		得点									合計　　点
中級　大丈夫		予測									
		正答									
		得点									合計　　点
上級　うーん		予測									
		正答									
		得点									合計　　点

･･･････････ **Column 14：何も変わらないものは、何も変えられない** ･･･････････

　これは授業中「なんでこの子やる気がないんだろう？」と思ったとき、私自身がいつも自分に言い聞かせる言葉です。

　教育とは相手を変えるものだと思いがちですが、相手を変える前に、自分が変わることなのだと思っています。例えば授業中グループワークをさせているにもかかわらず、スマホで SNS をみている学生を見付けたとします。もちろん「何かあった？」と優しく声をかけますが、内心「何でこの子はやる気がないんだろう？」と思ってしまいます。

　そのとき、私自身が「この子のせいじゃない。この子がスマホを置きたくなるような魅力的な授業ができていない私のせいだ！」とまず、私の考え方を変えるようにしています。私自身が変わらなければ相手は絶対に変わらないからです。

[3] 基礎編：紙芝居「指導と評価の一体化」をパフォーマンスしよう！

　基礎編ではまず、紙芝居をつくります。教員はなぜ評価をしなければならないのかということと、評価によって変化すべきなのは誰なのかということについてパフォーマティブに学びます。

　人が変化したい！と思うとき、実際に変化するかどうかはその人にとっての変化の必然性の有無によって決まります。例えば、喫煙者が「タバコは体に悪いことなんて知っているよ」と頭でわかっていたとしても、全ての人が実際に禁煙するとは限りません。それぞれの人が禁煙するメリットとデメリットを比較し、その人にとってのメリットが上回って初めて禁煙をしようということになります（これを Health Belief Model（ホックバウム，1958：ローゼンストック，1974）といいます）。このまま吸っていたら死んでしまうかもしれない！という状況に追い込まれたとしてもなお、禁煙するかどうかは、その人にとってのその時その瞬間の変化の必然性の有無次第なのです。

　こうした理由からまず基礎編では、あなた自身に教員として変化の必然性を感じてほしいと思っています。なぜ教員が変化する必要があるのかということを、指導と評価の一体化に関する紙芝居を作成しパフォーマンスをすることで体感してほしいのです。

では、なぜ紙芝居を作るのか、その理由を説明します。紙芝居は、聞き手に合わせてパフォーマンスを変化させることで物語の世界観をつくっていく手法です。それはまさに、教室で子供達の反応に合わせながら教員のパフォーマンスを変化させていく様子に似ています。もしかして「紙芝居って子供っぽい手法だな」と心の底で思っているかもしれませんが、案外、紙芝居を実施してみると、子供だけでなく大人も視線を奪われることに気付きます。1枚の絵の向こうで響き渡る、パフォーマーが奏でる表現豊かなストーリーにオーディエンスは自然と聞き入り、その絵から想像する世界が私達の頭の中で広がっていく……。紙芝居を取り巻く空間は、実に楽しいものです。

ただし、動かない絵に命を吹き込み、輝きを与えられるかどうかはパフォーマーのパフォーマンス次第です。紙芝居は目の前の観客の反応に合わせながら、声の大小、セリフの声色、紙をめくるタイミングといった細かな表現を即興で変化させていくパフォーマンスの連続であり、これこそ、教員に求められるパフォーマンスなのです。

さぁ、紙芝居作成の過程で教員として必要な知識を学びつつ、教員としての表現力を鍛えながら、変化するパフォーマンスを楽しみましょう！

［用意するもの］
・p.155を拡大コピーした紙芝居

［手順］
(1) 3〜4人組をつくります。
(2) 下記の紙芝居作成のための資料を読み、p.155の8枚の絵に合致するようなストーリーを共同で組み立て・作成します（イラストにないものを加えてもOK！）。
(3) 紙芝居を分担し、具体的な読み原稿を考えます。
(4) チーム内でパフォーマンス練習をします。
(5) 複数のチームで集まり、お互いのストーリーを紹介し合いましょう。

第9章 変化する

紙芝居作成のための資料

【新しい時代に必要な資質・能力とは!?】

そもそも、学校教育ではどのような資質や能力を育成すべきなのでしょうか。教育の目標は、第2章で既に学んでいますが、平成29年の学習指導要領の改訂では、新しい時代に必要となる資質・能力が3本の柱で示されました。

1本目は、学びを人生や社会に生かそうとする「**学びに向かう力・人間性等**」の涵養、2本目は生きて働く「**知識及び技能**」の習得、3本目は未知の状況にも対応できる「**思考力・判断力・表現力**」の育成です。学校教育では、これらを目標として、子供達がより良く学べるように「主体的で対話的で深い学び（アクティブ・ラーニング）」の視点で授業づくりを行うことが求められています。教員は、子供達にそれぞれの資質・能力が身に付いているのかを評価しながら、教員自身の場づくりを変化させ、改善していく必要があります。文部科学省は、これを「指導と評価の一体化」として説明しています。

【評価の基準は学習指導要領！】

学習指導要領（詳細はp.122を参照）とは、全国共通の指導マニュアルです。日本全国どこで公教育を受けても、同じような学習内容であることを保証するものだということは、第8章で学んでいますね。日本全国どこで公教育を受けても同じように学べることを謳っているということは、それらがちゃんと学べたのかどうかをきちんと確認する必要があります。

これは、学校教育法施行規則でも**指導要録**（学籍に関する記録と指導に関する記録が記載されているもの）を作成するように定められており、ルールとして決められています。子供達に指導すべき学習内容が身に付いていなければ、教員は指導を改善する必要があるからです。

【評価とは何か？ 定性・定量の観点とは？】

学習評価とは、「学校における教育活動に関し、生徒の学習状況を評価するもの」であると文部科学省（2019）は説明しています。特に、下記3点を確実におさえた上で、評価するように注意喚起しています。

① 教師の指導改善につながるものであること。
② 生徒の学習改善につながるものであること。
③ これまで慣行として行われてきたものでも必要性・妥当性がないものは

見直していくこと。

評価は、定量的（数値で表すことができるもの）に行われがちですが、人間の価値は定性的（数値で表すことができないもの）な側面の方が多いはずです。定性的に評価できるようになるためには、教員として訓練が必要ですから、現場の先生に教わりながら実施していくと良いでしょう。ただし「みんなが毎年やっているから」という理由で、安易にその評価方法を踏襲しないように注意してください。

【人間は正規分布する存在!? 目標に準拠した評価とは？】

人間は、様々な条件で並べてみると人口の約 68% が中央に集まり、上位が約 13%、下位が約 13% になるといわれています。もちろん異なる分布になる条件もありますが、例えば身長、体重、IQ、偏差値は正規分布するものであるといわれます。

人間は正規分布する存在だという前提に立ってみると、学校での評価も A が 1〜2 割、B が 6〜7 割、C が 1〜2 割が妥当だろうと思ってしまいがちです。しかし、そうした評価は他者と比較することによる相対評価であり、適切ではないとされています。学習評価の場合には、学習すべき内容に対してどれくらい身に付いているかという、**目標に準拠した**評価を行う必要があります（考え方としては相対評価ではなく絶対評価ということですが、平成22年以降、絶対評価という用語の使用はなくなっています）。

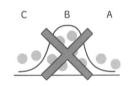

何を理解し
何ができるか

【観点別学習状況の評価の観点：「知識・技能」】

新しい時代に必要な資質・能力が3本の柱で示されたわけですが、それぞれの資質・能力が身に付いているかどうか、どのように評価をしていけば良いのでしょうか。まず3本の柱のうち、「知識及び技能」を身に付けさせるための観点が「知識・技能」です。これは、個別の知識及び技能の習得状況について評価するもので、既有の知識及び技能と関連づけたり活用したりする中で、概念等として理解したり、技能を習得したりしているかについて評価するもの（文部科学省, 2019）です。

具体的な目標は学習指導要領に記載されています。これは**評価規準**（読み方はきじゅんですが現場ではのり準といわれることがあります）として、学習指導をする際の指

針として教員が把握しておくべきことです。何を身に付けさせるのか知っておかなければ、指導はできませんよね。例えば、中学校社会科の歴史的分野のうち、中世の日本の範囲では知識・技能について下記のように表現されています。

> (2) 中世の日本
>   課題を追究したり解決したりする活動を通して、次の事項を身に付けることができるよう指導する。
>   ア　次のような知識を身に付けること。
>   （ア）武家政治の成立とユーラシアの交流
>   鎌倉幕府の成立、元寇（モンゴル帝国の襲来）などを基に、武士が台頭して主従の結び付きや武力を背景とした武家政権が成立し、その支配が広まったこと、元寇がユーラシアの変化の中で起こったことを理解すること。

　上記の内容の知識が身に付いたかどうかは、ペーパーテスト（紙に書くことと活用できることはイコールではないので、ペーパーテストの結果は必ずしも目標に準拠した評価における学習状況の全てを表すものではないことを文部科学省（2011）は注意喚起しています）、ワークシート、学習カード、作品、レポート、質問紙、面接、パフォーマンスなどで評価することができます。

　評価は「A：十分満足できる」「B：おおむね満足できる」「C：努力を要する」で行います。学期末などに各教科の学習の状況を総括的に評価するのは評定といい、それぞれ「5：十分満足できるもののうち、特に程度が高い」「4：十分満足できる」「3：おおむね満足できる」「2：努力を要する」「1：いっそう努力を要する」状況と判断されるものを基準に行います。

（理解していること・できることをどう使うか）

【観点別学習状況の評価の観点：「思考・判断・表現」】

　2本目の柱が、思考・判断・表現です。各教科等の知識及び技能を活用して課題を解決する等のために必要な思考力、判断力、表現力等を身に付けているかどうかを評価するもの（文部科学省, 2019）です。学習指導要領では、下記のように表記されることが多いのですが、各教科によって特色が異なりますので、自分が指導する教科の学習指導要領をしっかりチェックしてください。

> イ 次のような思考力、判断力、表現力等を身に付けること。
> （ア）武士の政治への進出と展開、東アジアにおける交流、農業や商工業の発達などに着目して、事象を相互に関連付けるなどして、アの（ア）から（ウ）までについて中世の社会の変化の様子を多面的・多角的に考察し、表現すること。

上記の内容についてどのように評価するかは、知識・技能と同様にペーパーテストからノートの記述、レポート、パフォーマンスなど、学習内容に合わせて適切な方法を取る必要があります。例えば、クラスでカードゲームが流行っていたら、上記の内容を用いたカードゲームを作成せよ、という課題を与えても良いのです。

> どのように社会・世界と関わり、よりよい人生を送るか

【観点別学習状況の評価の観点：「主体的に学習に取り組む態度」】

新しい時代に育成すべき資質・能力の3本柱の「学びに向かう力・人間性等」はどのように評価したら良いでしょうか。観点別学習状況として評価できる部分は「主体的に学習に取り組む態度」を通じて見取る必要があります。例えば、知識・技能や思考力・判断力・表現力の習得のために① 粘り強く取り組もうとしたり、② 自らの学習状況を把握して、どのように学んでいけば良いかといった点を自己調整したりして学ぼうとしているかという意思を評価します。

①と②は相互に関連しているのでセットで評価する必要があります。「主体的に学習に取り組む態度」は、教員の授業デザインによって立ち現れることは第7章の「やる気にさせる」で説明した通りですので、教員が子供達に合わせて変化し続ける必然性がここにもあることがわかります。

具体的な評価方法としては、ノートやレポート等における記述、授業中の発言内容や態度の行動観察、共同作業の過程、子供達自身の自己評価（ポートフォリオ）や仲間との相互評価などで行います。ただし、授業中の発言回数、ノートの提出の有無など、個人の性格や行動面の傾向を評価することではない（文部科学省, 2019）ので注意してください。

また、感性や思いやり等、学びに向かう力・人間性のうち、観点別学習状況として評価できない側面は指導要録の**「個人内評価」**として記録していきま

す。これは子供達に積極的に伝えることが重要であるともいわれています。

【評価と単元】

　授業内で3観点での評価を毎回行わなければならないのか、というと必ずしもそうではありません。単元（学習活動の一連のまとまり）を通して評価すれば良いことになっています。教員によっては、1人1冊のノートやデータファイルを作成し、日々の記録をメモしていく人もいます。こうした積み重ねが、学期末の成績評価へとつながるのです。

表9-3　評価の観点とポイント・例

評価の観点	評価のポイント	評価方法の例
(a) 知識・技能	個別の知識及び技能の習得状況について評価する。 それらを既有の知識及び技能と関連づけたり活用したりする中で、概念等として理解したり、技能を習得したりしているかについて評価する。	ペーパーテスト （事実的な知識の習得を問う問題と知識の概念的な理解を問う問題とのバランスに配慮する。） 実際に知識や技能を用いる場面を設ける。 （ゲームをさせる、文章で説明させる、観察・実験をさせる、式やグラフで表現させるなど。）
(b) 思考・判断・表現	各教科等の知識及び技能を活用して課題を解決する等のために必要な思考力、判断力、表現力等を身に付けているかどうかを評価する。	論述やレポートの作成、発表、グループでの話し合い、作品の制作や表現等（演劇、詞曲、詩、ショートショート、小説、エンブレム、動画等含む）。 ポートフォリオの活用。
(c) 主体的に学習に取り組む態度	(1) 主体的に学習に取り組む態度として観点別学習状況の評価を通じて見取る。 →粘り強い取り組みを行おうとする側面と、自ら学習を調整しようとする側面を評価すること。 (2) 観点別学習状況の評価や評定に馴染まないもの（感性、思いやり等） →個人内評価（児童生徒ひとりひとりの良い点や可能性、進歩の状況について評価するもの）等を通じて行う。これは積極的に評価し児童生徒に伝えることが重要※。	ノートやレポート等における記述 （ただし、特定の記述を取り出して他の観点から切り離さないこと。知識・技能、思考・判断、表現の観点を踏まえること）。 授業中の発言、教員による行動観察、児童生徒による自己評価や相互評価等。

出典：文部科学省（2019）「新学習指導要領の全面実施と学習評価の改善について」より一部改変
※ (2)は、観点ごとの評価は行わない（その他は生徒の学習状況を分析的に捉え、観点ごとにABCの3段階で評価。総括として5段階（小学校中学年以上は3段階）の評定を行う。）

A4〜A3サイズの印刷用PDFをダウンロードできます。
http://www.hokuju.jp/performancekyoushoku/9-2.pdf

［4］応用編：「指導と評価の一体化」をパフォーマンスしよう！

　基礎編はいかがでしたか。紙芝居を通して、指導と評価の一体化について学び、観客の反応に合わせて自分の表現を調整し、教員としてのパフォーマンス

第9章 変化する　155

を変化させる練習をできたでしょうか。

　応用編では、第8章「遊ぶ」でつくって実践した授業を用いて、あなた自身が指導と評価を一体化させる練習をします。模擬的に多様な子供達を設定し、その子達に向けた授業を実践し評価をします。その上であなたの授業を改善してもらいたいのです。自分を変えるのは難しいことですが、「変わる」パフォーマンスの練習として、仲間と一緒に乗り越えてみてほしいと思います。

［用意するもの］
・第8章応用編で実践した授業で使用したもの

［手順］

(1) 3〜4人組をつくります。
(2) 表9-4に授業の目標（授業後、どんな児童生徒になってほしいのか）を記入し、評価の観点を確認します（「知識・技能（a）」「思考・判断・表現（b）」「主体的に学習に取り組む態度（c）」のいずれかの観点のうち、どのような評価規準で児童生徒を評価するのか記入します。「主体的に取り組む態度」については、この**評価規準のみで評価せず、「知識・技能」あるいは「思考・判断・表現」とセットで評価すること**。）。授業中・授業後に評価ができるように準備します（例：口頭試問用の問題を作成しておく、ペーパーテストを用意する、活動中の発言を記録できるようにする、など）
(3) 教員を1人決め、残りは児童生徒になります。
(4) 児童生徒は、表9-5にある「児童生徒プロフィール」から好きな役を選びます（メンバーと被らない方が課題の難易度は高いです）。
(5) 教員は第8章で実施した「遊ぶ」授業を7分間実施し、児童生徒は選んだプロフィールになりきって授業を受けます。
(6) 授業実施後、それぞれの手法で児童生徒を評価します。
(7) 全員が自分の授業と評価を終えたら、表9-6の手順に従って授業改善をし（余裕があれば改善した授業を実施しよう）、p.160の学びのふりかえりを皆で行います。

［児童生徒のプロフィール］
　自分で好きなものを選んでも良いですが、1から8までの数字が書かれたくじ引きを作成し、ランダムにプロフィールを選んだ方が練習になります！

表 9-4　遊びによる学びの目標

目標	あなたが考えた授業の具体的な目標	評価の方法
知識及び技能	例：○○について理解し、○○する。	
思考力、判断力、表現力等	例：○○について考え、表現する力を養う。	
学びに向かう力、人間性等	例：学んだことを○○に活用しようとする態度を養う。	

※実際には単元を通じて上記の目標を達成できれば良い。

表 9-5　児童生徒のプロフィール

番号	教員からの評価（3段階）			総評
	(a)	(b)	(c)	
①	2	1	2	勉強に苦手意識がある。当てられても必ず間違える。自分の考えを答えるような「正解のない問い」であっても自信がなくてなかなか声が出せない。たいてい「わかりません」「うーん……」という反応になる。周りの人に対しては受容的で、他者の発表には興味関心をきちんと持ち、身体の向きや顔の向きを必ず相手に向けて聞く。グループ活動であれば友達と話すことはできるが、皆の前での発表は極端に苦手。やることがわかれば話せるタイプ。
②	3	3	3	勉強が得意。苦手意識のある教科はほとんどなく、やる気が常にある。仮に答えが間違っていても「自分の間違いが皆の学びになれば」とポジティブに捉えており、授業内での発言を恐れない。ただ、思ったことを何でもすぐに言ってしまうので、周りの人の立場や気持ちを考えることは苦手。声をかけたり、作業の指示を出したりと、皆を引っ張るリーダータイプ。
③	2	2	2	勉強に対して得意でもなく、苦手でもなく、与えられた課題をコツコツとこなす。当てられれば発言するが、自分から積極的に手を挙げるわけではない。成績はクラスで真ん中くらい。オーディエンス・パフォーマンスが上手で、グループ活動になるとムードメーカー的な存在。周りの人に「頑張ろうぜ！」「やろうぜ！」と声をかけて、リーダーを支えるタイプ。

第9章　変化する

④	1	1	2	勉強は好きなのだが、成績はあまり良くない。授業中はやる気があり、先生の話や周りの友人の話をよく聞く。相手の顔をみて、身体を向けて話が聞ける。ただし、自分から意見を言えず、当てられるとほとんど答えられない。「わかりません」というのが得意。グループ活動の際には引っ込み思案のタイプ。
⑤	1	1	1	勉強に苦手意識がある。わからないので、基本うつ伏せになって寝てしまい、授業を聞く態度ではない。グループ活動があれば協力する態度はみせるが、自分の意見に自信がないのでグループ内で発言をすることはあまりない。発言を求められても「わからん」「どうだろう」と自分の考えを言えない。楽しいことは好きなので、「楽しそう！」だと思ったら積極的になる。地頭は良くサバイバル力のあるタイプ。
⑥	1	2	2	勉強は得意でも苦手でもなく、授業中は「ぼー」っとしている。物語をつくるのが得意で、趣味は小説を書くこと。他者と協力して何かをすることは上手ではないが、好きな方。当てられたら答えられることの方が多いが、興味のない授業だと「すみません、聞いてませんでした」と答える。先生からの評判はあまり良くないが、友達からの評判は良く、グループ活動では周りに頼られる。内気な性格だが、明るく、自分の芯があるタイプ。
⑦	2	1	1	勉強は苦手で、先生の話を理解できずに常に不安。自分から手を挙げることはないし、先生に当てられた場合にはしばらく沈黙してしまうが、最後には自分の考えを言える。間違えることはあまりないが、とにかく自信はない。グループ活動も苦手で自分の考えに自信がないので積極的に意見が言えない。友達に励まされれば、言える。楽しいことは好きなので、盛り上がれば段々と意見が言えるようになるが、周りの空気を読んでしまい、常に気が抜けないタイプ。
⑧	2	2	2	勉強は好きで、真面目に取り組んでいる。授業中も教員に対しては積極的に発言をする。自分の考えに自信があり、間違えることはあまりない。仮に間違えたとしても「そういうこともあるな」と気にしない。グループ活動はそつなくこなすが、本当はあまり好きではない。仲間と協力して活動する際には自分から発言することはあまりない。

[指導と評価の一体化]

　授業と評価の実施が終わったら、下記の表を埋めて授業改善をし、再度授業をしてみましょう。

表 9-6 指導と評価の一体化

児童生徒番号	児童生徒の評価（3段階）（いずれかの観点で良いが「主体的に学習に取り組む態度」のみとならないように評価する）			授業改善の工夫 評価が1だった場合、あなたの授業を改善する必要があります。どのように改善すればよいか、具体的に記入し、実施してみましょう
	(a)	(b)	(c)	
①				
②				
③				
④				
⑤				
⑥				
⑦				
⑧				

[5] 学びのふりかえり

＊紙芝居をやってみて
- 仲間の反応に合わせてどんな風にパフォーマンスを変化させましたか？
- 指導と評価の一体化について気になったことは？
- 仲間のパフォーマンスで参考になったことは？

＊教員として授業をし、評価してみて
- 児童生徒は何を学んだと思いますか？
- あなたの評価方法は適切でしたか？ 方法が適切だったとして、その上であなた自身が適切な評価ができたと思いますか？
- 全員を同時に評価するためにはどんな工夫ができますか？
- どうしたらより良い評価ができると思いますか？
- 評価を通して児童生徒はどんな風に変化すると思いますか？

＊教員として授業改善をしてみて
- あなたの授業は誰にとって、どんな風により良くなりましたか？

＊児童生徒として仲間の活動に参加して
- 児童生徒になりきってみての感想は？ 授業は楽しかったですか？
- 教員に「もっとこうしてほしい」と思ったことは？
- 学びとはなんだと思いましたか？

┈┈┈┈┈ **Column 15：授業が学びを決める／あなたの学習観は？** ┈┈┈

　授業を終えたとき「楽しかった、達成感があった、充実した時間を過ごせた」と思ってもらうことと「新しいことを知ることができた、できないことができた」と思ってもらうことは似ているようで異なります。どちらかというと小学生は前者、中学生以上は後者の学習観を自分達自身でもっているようで（齊藤・郡司, 2019）、教員はどちらの学習観も大切であることを彼らに伝えていく必要があります。

　従来、学校教育は後者の観点で学びを評価してきました。ペーパーテストで知識を書けることが学びであるという学習観を根強く定着させてきてしまったのです。しかしながら、少しずつ前者の観点も学びとして評価すべきだという見方になってきました。学び続けたい、より良い自分になりたい、より良い社会を作りたい、もっともっと成長したいと思うことこそ学びの原点であり、学びそのもの

だといえるからです。

　だからこそ教員は、授業づくりと評価を慎重に行っていく必要があります。仮に教員自身が「知識を得ること」「何かができるようになること」にしか着目しなければ、そうした観点での授業づくりが行われてしまうでしょう。さらにそうした授業による評価が行われてしまい、子供達は、本当の意味で学びを評価してもらうことはできないかもしれません。教員は、自分自身の授業がどんな風に学びの場をつくりだしているのか、常に振り返る必要があるのです。

ふりかえり 4つの木！　　　　　　　　　　　　　　　　未来のあなたへのメッセージ

①気に入ったこと、②気になること、③気付いたこと、④キープしておきたいことを書き留めておこう！

【p.98】ドリームスクール　正解

アメリカ製の時計が置いてある教室……　保健室
北東にある教室……………………………　理科室
白く丸い旗の教室…………………………　体育館

　　　情報を元に下記のように整理できます。

教室	管理責任者	めあて	時計	旗	方角
体育館	山田先生	みんなで	日本製	白丸	東の端
理科室	有元先生	げんきに	イタリア製	緑三角	北東
音楽室	吉野先生	なかよく	ブラジル製	赤長方形	北
家庭科室	郡司先生	たのしく	フランス製	青楕円	北西
保健室	水野先生	えがおで	アメリカ製	黄四角	西の端

第9章 変化する

10 まもる

まもる

　あっという間に第10章までやってきました。これまで皆さんには、頭の中から世界に飛びだして、仲間とパフォーマンスをし続けてきてもらいました。自分ひとりだったら全てが思い通りになる脳内から抜けだして、他者と関わることで想像もつかないような未来に飛び込んできてもらいました。それは、これまでに挑戦したことのないようなやり方を知らないことの繰り返しだったと思います。例えば、大勢の人の前で落ち着いて話す、初対面の人と遊んでみる、即興で劇をする、などなどなど、ひとりではできないことも、皆とならば乗り越えられる！そういう体験をしてきてもらいました。

　それらは、教員になる上で重要な学習者体験です。子供達も同じように、日々授業の中で教員やクラスメイトと一緒にやり方を知らないことに取り組んでいるからです。子供達は常に、45分あるいは50分ごとに新しい何かに挑戦させられています。その際に感じる学習のリスク（やり方を知らないことに取り組む際の不安やドキドキ）は、教員になると忘れてしまいがちです。集団の中で挙手をさせられるときの不安や、答えに自信がない中で皆の前で発表をしなければならない瞬間の緊張は、学習者にとっては日常ですが、教員には非日常的な体験です。だからこそ今、こうしてあなたが仲間と学習のリスクを乗り越える体験をし続けていることには意味があります。

　教員として子供達をどのように支えていけば彼らの学習のリスクが低減されるのか、その学習環境デザインのバリエーションを体験的に学んでいるからです。もちろん、指導のあり方に正解はありません。あなたが体験したことが、未来に出会う子供達に適合するかどうかもわかりません。ただ、即興で、相手と関わり、支え合うという活動自体は変わらずに教室空間で起こることです。その未来に備えて、今、こうして仲間とパフォーマンスをし続けてきてもらっているのです。

　さて、本章は、それらの経験を総動員させて、学習者だけでなく、教員の側にも学習のリスクがあることに挑戦してもらいます。それは、「性」について指導するということです。

本章で扱う「性」とは、① 生物学的性（biological sex）に関すること、② 心の性（gender identity）に関すること、③ 社会的性（gender role）に関すること、④ 性的指向（sexual orientation）に関することです。「子供達がどんな反応するんだろう」と不安になったり、「どんな表情で伝えたらいいんだろう」と戸惑ったり、子供達よりも指導者の方が実は緊張しているのかもしれません。

ただ、誰もが理解している通り、性とは、命に関わる大切なことです。どんな大人も子供も、性について学ぶことに意味があることは頭では理解しているでしょう。ところが、性を含むパフォーマンスになるとそうは上手くいきません。恥ずかしさや照れ、気まずさ、タブー感など、様々な感情を伴うことがほとんどでしょう。それでいいのです。皆さんがこれまで何度も繰り返し挑戦してきたように、頭の中と実際の世界でのパフォーマンスは異なるものです。だから、練習が必要なのです。

ということで、本章では性について指導する練習に取り組みます。テーマは「まもる」です。なぜ、性について指導することが「まもる」なのかというと、(1) 自分の命を大切にして自分を「まもる」ことにつながるから、(2) 周囲のことを大切にして他者を「まもる」ことにつながるから、(3) 未来に誕生するかもしれない新しい命を「まもる」ことにつながるから、という3点の理由があります。それぞれどういうことか簡単に説明しますね。

自分を「まもる」

1点目の子供達自身の命をまもることにつながるという理由は、命の成り立ちそのものを理解させる必要性ともつながっています。私達は誰もが、性によってこの世に命を授かりました。どんな環境であったのかは人それぞれですが、こうしてここで生きているということは、自分ひとりでは達成できなかったはずです。この命の成り立ちを子供達に伝えられるということは、子供達自身の存在を認めることにつながります。

例えば小さな子供は、自分という存在を確認するために「私はどこからきたの？」と尋ねることがあります。性と無関係に、素朴に尋ねてくるのです。そんなとき「そんなこと知らなくていいのよ」と答えれば「自分がどこからきたのかということは聞いてはならないようなことなのだ」と否定的に捉えてしま

うでしょうし、「橋の下で拾ってきたのよ」と答えれば、「その前は？ 誰かに捨てられちゃったの？」と否定的に考えることにもつながってしまうでしょう。

　私の学生時代の指導教員は、当時まだ幼かったご子息に「お母さんのお腹の中にはね、赤ちゃん用のふかふかのベットがあるんだよ。〇〇くんはそこで10ヶ月くらいかけて大きくなって、もうそろそろお外にでたいよ！って言ってくれたから、〇〇くんはおまたから生まれてきたんだよ」と伝えたところ、「へえ！ じゃあ、俺、うんちと一緒に出てきたのかぁ」と返ってきたそうです。子供は無邪気に、自分がどこからきたのかということを知りたがります。それは、自分が誰なのかということに興味を持つ、というアイデンティティを確立していく上で大切な過程です。

　だからこそ子供を深く傷つけることなく、自己肯定感を育みながら、「私は生まれてきて良かったんだ」と思ってもらえる指導とは何か、教員として考えられるようになってほしいと思います。

　子供達自身の命をまもるという観点には、精神的なものだけではなくて身体的な危険からまもるということも含まれています。例えば性感染症に関する科学的な知識を持たせないまま子供達が性行為をして、結果として性感染症に罹患した場合を想定してください。私達教員が「性行為の際にはコンドームを使用しなければ性感染症に罹患する可能性があること」を指導しなかったせいで、子供達の身体を適切にまもることができなかったといえます（そもそも無防備に性行為をするような人間関係を築いている段階で、生徒指導の必要性を感じますが）。風邪をひかないように手洗いうがいをさせたり、マスクを着用させたりする指導は行うのに、性行為の前に手を洗わせたり、コンドームを使用させたりする指導は行わないというのは、子供の命をまもるという点で一貫性がありません。性に関する指導を適切に行うことで、子供達の身体的な健康をまもり、命をまもることは教員としての責務です。

■　周りの命を「まもる」

　また、性について指導することは、子供達が自分自身を大切にするということにつながるだけではなく、周囲の人間も大切にするということにつながっています。例えば「デートDV（恋人間の暴力）」について学ばせ、他者は思い通

りにならないものなのだから、互いが心地良くなれるようにコミュニケーションをとる必要があるということを指導したとします。自分以外の他者とどのようにコミュニケーションを取るのか、それを練習するのが学校なのだということを強調した指導です。子供達は大人になって、自分の思い通りにならないことに遭遇するかもしれません。そんなときに「そういえば、こういうのってデートDVっていうんだっけ」と言って、誰かを傷つけたり、傷つけられたりするような未来を回避することができるかもしれません。被害者にならないだけでなく、加害者にもならないということを指導するのも大切な教育の役割です。性は、個人内の生物学的なものだけではなく、個人間の社会的なものでもあります。先に挙げた性感染症に罹患して心や身体が傷つくようなケースも、二者間の片方だけではなく両者が傷ついていることでしょう。つまり、性に関する指導は、子供達自身の命をまもるだけではなく他者の命をまもることにもつながっているのです。

■ 未来の命を「まもる」

　性について指導することが「まもる」ことにつながる3点目の理由は、子供達自身だけでなく、未来に生まれてくる命がまもられるからということです。
　子供達が大人になったとき、自分自身も性的存在として次の命を誕生させる機会を得ることがあるかもしれません。もしかしたら大人になる前に、その機会が訪れる可能性だってあります（実際に私は「小学生の妊娠」という出来事に出会ったことがあります）。そうした機会で、その新しい命の誕生が当事者にとって望まない妊娠だったとき、その新しい命は失われる可能性が大いにあります。レイプされて妊娠をするケースがありますので、ここで人工妊娠中絶の是非について議論はしませんが、仮に、性について適切に指導することで、望まない妊娠を防ぎ、未来の誰かの命をまもることにつながるのだとしたら、私達教員は、そのことを見据えて性について指導をする必要があると思いませんか。
　以上述べてきたように、性について指導することはみんなの命を「まもる」ことにつながります。そもそも、性が生物学的な機能やセックスだけの話ではないということに、ここまでの話でなんとなく気付いてもらえたかもしれません。性について指導するってどういうことなんだろう……という期待や不安を

胸に抱き始めていますか？

　大丈夫です。これまで多様な仲間達と色々なことに取り組んできた皆さんですから、今回も同じように支え合って楽しくパフォーマンスができるはずです。子供達の幸せな未来のために、教員として皆さんが少しずつ成長していることを期待して、本章でも堂々とパフォーマンスをしていきましょう！
　さぁ、性について指導するためのパフォーマンスの準備はできましたか？

［1］「まもる」際のポイント

　この世に完璧な人間はいないでしょう。どんなに優れた人でも、何かが得意であったり苦手であったりするものです。教員も同じです。あなたは教員としての指導において何が得意で何が苦手なのか、どんなことを指導できてどんなことを指導できない（しにくい）のか、ということを自覚していますか。自分の得手不得手が何かということを自覚しておいた方が、より良い教員を目指すことができます。得意なことを伸ばすことも、苦手を乗り越えることも「それ」が何かということを自覚しなければ取り扱うことが難しいからです。
　以前紹介したロシアの心理学者ヴィゴツキーは、このことを**「自覚性と随意性」**という言葉で説明しました。自分が何について取り扱っているのかを自覚できて初めて、それを意図的に使用することができるという考え方です。この考え方を移行させると、教員が自分自身の指導について「どんなことが指導できているのかな」と自覚できなければ、その得意を伸ばすこともできないということになります。
　例えば、みなさんは性について指導することが得意ですか、苦手ですか。「まだ指導したことがないから得意か苦手もわからないよ！」と思われるかもしれませんね。聞き方を変えると、あなたは性について指導することに挑戦してみたいと思いますか。それともできれば避けたいと思っていますか。
　ここではまず、あなた自身が性について指導することに対してどれくらい抵抗感があるのか、もっと言えば、どれくらい恥ずかしいと認識しているのか、ということに自覚的になってほしいと思います。それはつまり、自分自身の心の動きをできるだけ積極的に捉えようとしてほしいということです。

もし、できるだけ避けたい！と思っているのだとしたら、そんなあなたにこう伝えてみたいです。「自分にできることしかしなければ、永遠に成長できないよ」と。赤ちゃんがもし寝転がっているだけだったら、永遠に歩けるようにはならないでしょう。ハイハイに挑戦し、立ち上がって歩く練習をすることで歩けるようになっていきます。できないことをできないまま挑戦し、そのことでできるようになっていくものです。性についての指導も同じです。本章では「性に関する指導」を題材として、皆さん自身が「自分には何が出来るのかな」「何が苦手なのかな」「どんなことに挑戦してみたいのかな」「そもそも性について指導するってどういうことなのかな」といったことに気付くことがポイントになります。そのためにはまず「**恥ずかしさ**」を自覚してみましょう。一般的には、性について扱うことは恥ずかしいといわれています。大学生を対象とした調査で性に対するイメージを聞いたところ、「タブー感がある」とか「恥ずかしい」といった回答が目立ちました（郡司, 2022）。「国語」や「数学」を教える時には生起しないような感情が芽生える可能性のあるトピックなのです。一方で、高校生の性教育講演会でペアワークをさせ「どれくらい恥ずかしかったか」と尋ねたところ、7〜8割の生徒が「恥ずかしくない」と回答しました。その理由として「性について学ぶことは大切なことだから」といったことを挙げるものが目立ちました（郡司, 2024）。学習者よりも、指導者側の方が恥ずかしさを認識している可能性があるのです。

　もし大人である指導者側が、自分達が感じる恥ずかしさを含んだ表現で性について語れば、子供はその大人が認識しているタブー感を察知し、「あぁ、大人の前では性について語ってはいけないんだ。恥ずかしいことなんだ」と、性について語ることをやめてしまうかもしれません。本当は相談したくても、大切なことを表現できなくなってしまうかもしれないのです。

　だからこそパフォーマンスをする上で、自分はどのくらい恥ずかしいと思っているのかどうかを自覚してほしいのです。繰り返しお伝えしておきますが、今は思い通りにパフォーマンスできなくて良いのです。そのための練習なのですから。「私は恥ずかしさが表情や態度に出てしまっているな」とか「全然恥ずかしくないから堂々とできているな」とか、パフォーマンス自体を焦点化することに意味があります。逆に、どうしても難しい！ということがわかれば「誰

かに頼む」というパフォーマンスが必要になることがわかるかもしれません。

　いずれにせよ、自分のパフォーマンスに意識的になることができれば、子供達の方にも視線を向けられるでしょう。すると、子供達はどれくらい恥ずかしいと思っているのかどうかがみえてきます。友達とおしゃべりしている子がいるかもしれません。内職をしたり、机の上で突っ伏したりしている子がいるかもしれません。それらは「ちゃんと聞いている」ことを周囲に示すことが恥ずかしいことを子供達なりに表現しているのかもしれません。そうした子供達の恥ずかしさを受け止めること自体も、教員として必要なことです。

[2] ウォーミングアップ：これなぁんだ？ゲーム

① 「出題者1名」と「回答者（何名でもOK）」を決めます。
② 「出題者」は、お題の単語を1つ考えます。
③ 「回答者」は、「出題者」が「はい」か「いいえ」か「わからない」で答えられる質問をして、その単語を当てます。
④ 「出題者」は、「回答者」が正解したら「正解です」と言ってゲームを終わらせます。制限時間を設けると良いでしょう（目安：30秒〜1分間）。
⑤ 1問目は自由な単語を、2問目は性に関する単語を出題します。

［ポイント］

☺お題の単語は難易度を調整してみましょう。身近にある具体物（食べ物、動物など）の方が簡単で、抽象的な概念（失恋、矛盾など）の方が難しいです。

☺質問することは貢献です。特に、「性に関する単語」について質問をする際には恥ずかしさを自覚することになります。その自覚を乗り越える練習です。

[3] 基礎編：性は「教育」すべきことなのか？

　基礎編ではまず、まもるパフォーマンスの練習として、性に関する指導について知的な理解を目指します。そのために「性は教育すべきことなのか？」と

いう観点で、下記の文章を分担して読み、プレゼンテーションをしましょう。

［用意するもの］
・A3用紙1人1枚と1グループにつき色ペンセット

［手順］
(1) 3人組をつくります。
(2) パートAからパートCの担当を決めます。
(3) それぞれのパートを読み、①内容の概略、②教員として大事だと思った点、③考えたこと・感想の3点を90秒以内のプレゼンテーションにまとめます。その際、口頭だけでなく視覚的な資料（文字・図・イラスト等）を用意します。制限時間は10分。
(4) 1人90秒ずつプレゼンテーションをします。オーディエンス・パフォーマンスを忘れずに！
(5) 終わったら、p.183の学びふりかえりをします。

[3-1] パートA：性教育とは何か

　性教育とは、「児童生徒等の人格の完成と豊かな人間形成を究極の目的とし、人間の性を人格の基本的な部分として生理的側面、心理的側面、社会的側面などから総合的にとらえ、科学的知識を与えるとともに、児童生徒等が生命尊重、人間尊重、男女平等の精神に基づく正しい異性観をもつことによって、自ら考え、判断し、意思決定の能力を身に付け、望ましい行動を取れるようにすること」(文部省, 1999)で、保健体育科だけではなく、各科目及び道徳、総合的な学習の時間、特別活動などを含み学校の教育活動全体を通じて行うものとして位置付いています。

① 生命尊重
（命は大事だよ）

② 生物的側面
（自分の身体とどう向き合うか）

③ 心理的側面
（自分の性とどう向き合うのか）

④ 社会的側面
（社会の中で性的存在としてどう生きていくのか）

【誰が児童生徒が身に付けるべき資質能力を身に付けさせるのか】

　学習指導要領に基づき、各自治体の教育委員会が性に関する指導の指針（「性に関する指導の手引き（表題は自治体によって異なる）」など）を示している場合があります。ここでは、東京都の教育委員会が発行しているものから、児童生徒が身に付けるべき資質能力について紹介します。

　表10-1をみてください。学びの評価規準に照らし合わせて、それぞれ性について身に付けさせなければならないことが定められています。これらは一体、誰が、どのように指導していくのだと思いますか？先にも述べた通り、性教育は保健体育科だけではなく、各科目及び道徳、総合的な学習の時間、特別活動などを含み学校の教育活動全体を通じて行うもので、学校種や教科等に関係なく、全ての教員が指導する立場にあります。あなたは、どの区分の内容をどんな場面で指導することになると思いますか。

表10-1　児童生徒が身に付けるべき資質能力（東京都教育委員会，2019より筆者作成）

性の視点＼目標	知識及び技能	思考力・判断力・表現力等	学びに向かう力・人間性等
生物的側面	体の発育や発達、思春期の体の変化、生殖に関わる機能の成熟について理解する	正しい知識に基づいて性に関する課題の解決策を考えられる	自己の心身の成長発達を踏まえ、自己の性に対する認識を深められる
生物的側面	性感染症の予防や回復の方法について習得する	性に関する課題についてより良い方策を選択できる	
心理的側面	心や精神機能の発達、自己形成について理解する	心身の成長発達に伴う悩みや課題に気付き、解決策を工夫して健康の保持増進を図ることができる	性に関する課題を解決しながらよりよく生きていこうとする
心理的側面	不安や悩みへの適切に対処することができる		
社会的側面	家族や社会の一員として必要な性に関する知識を習得する	周囲と関わりながら家族や社会の一員としての自己の役割を考えられる	人間尊重、男女平等の精神に基づいて、性別等にかかわらず、多様な生き方を尊重できる
社会的側面	性に関する社会問題について理解する	直面する性の諸課題に対して適切な意思決定や行動選択ができる	多様な他者と互いに協力しあって豊かな人間関係を築こうとする

[3-2] パートB：児童生徒が生きるリアリティとは何か？

　教員が抱く希望や思いなし、制度として定められた「学ばせなければならないこと」がある一方で、子供達はどんなリアリティ（現実）を生きているのでしょうか。

　下記のイラストは、2016年ごろ関東圏内の高校1年生を対象とした性教育の講演中、ネット上のアンケート集計フォームを利用し「悩みがあれば匿名で書き込んでみて」と私が問いかけ、生徒達がその場で携帯電話から投稿した結果の一部です。

　生徒達は、「性交経験がないこと」「彼氏・彼女ができないこと」といった具体的な性の悩みを書き込んでくれました。彼らにとって性に関する日常のリアリティは、教科書の上の科学的・生物学的なことだけに留まってはいないことがよくわかります。自分が周囲と比べてどうなのかとか、どんな風に他者と恋愛がしたいのかといったように、性を個人間の社会的なものとして捉えています。彼らにとっての性に関する日常のリアリティは生々しく、時に情動を動かし、自分がどのように生きていくのか、自らのアイデンティティを揺るがすような性の実践（practice of sexuality）そのものなのです。

[3-3] 教員のリアリティは児童生徒が生きるリアリティよりも優れているのか？

　2017年のデータでは、高校生の性交経験率は女子約19％、男子約14％となっています（日本性教育協会, 2017）。高校生の約2割の層は、性交経験があると考えられます。一方で、30代での性交未経験率は男女合わせて約40％、生涯未婚率は男性が約28％、女性が約18％となっていて（令和2年度国勢調査より）、この数値はここ数年上昇傾向にあります。つまり、恋愛や結婚を「しない」（興味がない人も含めて）層が少しずつ厚くなってきています。恋愛や結婚に興味がないという層が増える一方で、中学生・高校生のうちから性的なことに

興味関心を持ち、性交経験のある層はいまだに一定程度います。

　ということは、「最近の子は性的なことに興味関心がないから」と言い切って良いのでしょうか。子供達のリアリティをもう一度よく考えてみてください。既に恋愛経験や性交経験のある子、リスクの高い性行動を行っている子、あるいは性被害・性加害の経験がある子がいるかもしれません。もしかしたら、あなたのクラスにそうした子がいるかもしれません。もちろん「二次元で間に合ってますから！」とする子供達もいるでしょう。

　子供達が生きる性のリアリティには幅があり、こうした多様な性を生きる彼らの経験値は、計り知ることはできません。私達教員が経験した事のない世界を経験した事のある子供が、目の前にいる可能性も当然ありえます。それも尊重すべき個人のあり方でしょう。

　では教員自身、つまり、指導する側のあなた自身はどんな性に関するリアリティを生きているのでしょう。それは、子供達が生きるリアリティよりも優れているといえるのでしょうか。そもそも、性に関するリアリティにおける経験値に優劣は存在するのでしょうか。

　国語や数学、理科、社会といった一般教科の指導においては、教員の方がその教科について経験値があって当然でしょう。各教科の専門の内容を大学の教員養成課程で学び、教員免許の資格を取得するわけですから、その科目の内容について教員の解釈や理解の幅がそれなりにある、つまり、経験値がある状態でいてほしいものです。第８章「遊ぶ」の授業づくりの際にも説明しましたが、教員が知識を持っていることは学びの場づくりの際の必須事項です。

　性教育についても最低限の知識は持っていてほしいと思いますが、性教育は、生きることそのものを取り扱う教育活動なので、教え手の解釈や理解の幅があって、経験値があることが必要という前提はありません。むしろ、教員の解釈や理解が学びの資源となり、子供達とより良い生き方について考えるチャンスを生み出す可能性を秘めています。逆にいえば、教員の解釈や理解の幅によって子供達の学びのあり方が決まってしまいやすい内容だともいえます。

　「郡司さん、俺童貞なんですけど、小学校で性教育を教えても良いんでしょうか……」

　昔、後輩の男子学生に上記のような相談をされたことがありました。

「相談してくれてありがとうね。でもさ、理科のほとんどの先生は、地球の青さをその２つの眼で実際にみたこともないのに、子供達に教えてるじゃない。自分が経験したことがなくたってその本物感をどう伝えるのかを考えるのが教員の仕事でしょ。それを伝えられるのが教育のプロなんじゃないの。むしろそこを楽しまなくちゃ！」
「そうですよね。なんか、自信湧きました！」

おそらく、性教育は教員養成課程の必須カリキュラムではないので（生徒指導関連で性に関する課題について取り扱うことはありますが）、ほとんどの学生が性についてどのように指導するのかを学習しないまま、教員になっていくことでしょう。するとほとんどの学生は、自分の経験値に基づく知識や思考に頼って指導をせざるをえなくなり、そのこと自体が指導する際の自信を奪っているのかもしれません。

知識がないなら勉強すればいいのです。その過程で生物学的な「生殖に関わる機能の成熟」に関しても、科学的に正しい発達はなく、教科書に載っている科学的な知識さえ個人差が強調されていることに気付くでしょう。「そうか！教員である自分に性的な経験がなくたって、身体にコンプレックスがあったって、それも個人のありようだ」ということに気付いてもらえると思います。

性教育は、それぞれの経験に基づいた多様な性に関する考え方や価値観が尊重されることがいたって自然な教育活動です。つまり、子供達のリアリティと教員達のリアリティは比べる対象でもなければ、そこに優劣もありません。お互いがどのような経験を積んできたかどうかにかかわらず、それぞれの考え方や価値観を知り、自らの視野を広げる絶好のチャンスになるのです。

[3-4] パートＣ：性教育は教員自身の発達のチャンス

教員は、どのような意図を持って性教育をするのでしょうか。自分が正しいと思うことを、ただ無理やり子供に押し付けようとしているのでしょうか。教員は、目の前の子供ひとりひとりの健康や安全を願い、彼らが性に関する自己決定ができるように支えようという意図があるのではないでしょうか。こうした思いから行われる性教育の実践を、一方的な教え込みとしての教育として捉えるのではなく、子供と教員が一緒に「発達するためのチャンス」だと捉え直

してみたいと思います。

　子供達にどのような科学的・生物学的知識を教えるのか。どのようにリアリティに向き合わせるのか。教員のどのようなリアリティから子供達のどのようなリアリティに働きかけるのか。そうした対話を積み上げていくとき、性教育は、その場に生きる子供達と、教員との即興的で創造的なやりとりになっていくものでしょう。ときには、教員にとって未経験のリアリティを突きつけられたり、教員自身の性のあり方について問われたりすることがあると思います。

　例えば、高校生の女の子が「私は男性に抱かれているときが一番幸せなの。性病になったって構わないし、堕胎した経験だってある。私の幸せは私自身が決めるんだよ」とあなたに訴えてきたら、教員としてどのように寄り添えるでしょうか。生物学的・科学的知識に基づいた、道徳的な正しさは明らかでしょう。「いますぐ、男性と関係を持つのをやめなさい」と言うことは簡単です。この事例でさえ、教科書の例題だったら「男性関係について自分で考えさせる指導をする」とお手本のような回答を思いつくかもしれません。しかし、目の前の女の子は名前のあるひとりの人間です。あなたはきっと教員として、あるいはひとりの人間として、その女の子にどう寄り添うのかを熟慮するでしょう。何が正解なのかということに悩むでしょう。そこでふと、気付くことになります。そもそもその女の子の幸せを教員であるあなた自身が決めることはできない、ということに。その女の子の生育背景、現在の家庭事情、性格、人間関係など全ての事情を考慮しながら、周囲の教員と相談しどうしたら良いかを考えたとしても、最終的にどう生きていくのかを決めるのは本人で、その人生は本人のものであるという現実を突きつけられることでしょう。

　子供達は性を持った存在として彼らのリアリティを生きていて、教員がそのリアリティに働きかけるとき、性教育の場ではあなただけが部外者でいることはできません。あなたもあなた自身のリアリティを生きながら、性に対する考え方や価値観を問われながら、子供達のリアリティに寄り添うしかないのです。

　つまり性教育は、一方的に科学的知識や日常のリアリティを教え込む行為ではなく、教員自身が自分自身の性に対する価値観やあり方を問われる機会であり、教え手と学び手の共同作業なのです。それは、教員と子供達のリアリティを一度ほぐし、またひとつに編み込んでいく作業と同じです。そうしたやりと

りの中で、子供の発達を支える側面と、教員自身が自覚的に発達しなければならない側面が浮き彫りになっていきます。

最後に、もし、あなたが性に対して恥ずかしさやネガティブさを感じているとしたら、あなた自身が教員として無意識・無自覚に恥じらいやネガティブさをパフォーマンスしている瞬間があるかもしれないことを気に留めておいてください。自分は堂々としているつもりでも、子供達は瞬時に教員の振る舞いのわずかな不自然さに気付くでしょう。逆に教員がもし、自分自身の恥ずかしさを自覚し「先生も恥ずかしいんだ。恥ずかしくていいんだよ。でも大切なことだから皆で考えてみたい」と、その恥ずかしさをポジティブに子供達と共有することができたなら、性のあり方そのものをポジティブに捉えさせるきっかけになるかもしれません。性教育を、「子供達だけではなく、教え手の教員自身が発達する絶好の機会」という視点で捉えてみると、教員としてのパフォーマンスを磨く始発点がみえてくるかもしれません。

[4] 応用編：性について自己決定させる教材をつくろう！

[4-1]「第三者へのアドバイス」を活用する

応用編では、性について扱う恥ずかしさを乗り越えて仲間と動画作りをします。具体的な課題は「性について自己決定できる教材づくり」です。なぜ、性についての自己決定なのか？　ここで、教育の目的を思い出してください。教育の目的は「人格の完成を目指す」ことです。人としてより良くありたいと願う子供達が、自分の性について誰かに決められるようなことがあってはなりません。子供達自身の手で自分の生き方を決めていってもらうことが、主体的で自立的な人間を育成する上で大切です。

ただ、子供達に直接「今、決めなさい！」と指導をすることは難しくもあります。恋愛をしている子もいれば経験のない子もいるし、性について興味関心のない子供達もいるからです。だからといって考えさせなくて良いか？　というと、そうではありませんよね。数学や社会に興味がないからそのまま放置しておく教員は教員として不適切でしょう。子供達が学びたくなる場づくりをするのが教員の仕事です。

そこで、応用編では「第三者へのアドバイスを考えさせる課題動画」をつくります。なぜ「第三者なのか？」を私が普段行っている中学や高校での性教育講演会での冒頭の説明を引用して解説します。講演会では、まず、次の5点を強調します。
　(1) 性教育は生きることの教育であること。
　(2) 生きるとは他者と関わり続けるということ。
　(3) 他者と関わることは練習が必要であること。
　(4) その練習をするのが学校であること。
　(5) 学校は未来に幸せになるためにみんなで学ぶ場所であること。
　だから今日も、人と関わる練習をしよう！と言って、性についての悩みを持った中学生・高校生を登場させます。生徒達には、その登場人物達の悩み相談に乗ってもらうのです。そのことで、未来の自己決定の練習をしてもらうという流れです。自分のことだと恥ずかしい（郡司，2013）ので、客観的な第三者の立場を利用するわけです。
　本来であれば自分ごととして直接考えさせたいところではありますが、性は自分ごとの程度が強すぎる（だから恥ずかしい）ので、少し弱める工夫が必要になります。それも教員の務めですね。また、恋愛をしていると視野が狭くなり、夢中になりすぎて「恋は盲目」状態になってしまうので、客観的な立場で性についてじっくり考えさせることで、冷静に科学的に判断するという自己決定の練習をさせられるという意図も含んでいます。

[4-2]「まもる」ための基本はポジティブであること

　応用編では、「まもる」パフォーマンスの練習として、動画作成をしてもらいますが、その前に大切なことをお伝えしておきます。子供達の命をまもるということは、子供達自身が主体的に自分達の心や身体、命そのものに対して向き合いたい、大事にしたいと思えることが重要です。大事でないものは、そもそもまもる必要がなくなるからです。ですからそのために、**ポジティブであること**を忘れないでください。
　何度でも繰り返しお伝えしますが、性について扱うとき人は恥ずかしさやためらいの感情を抱いてしまいがちです。そのこと自体は決して悪いことではあ

りません。むしろ、そのこと自体もポジティブに捉えてほしいということです。恥ずかしいことをネガティブなものとして捉えると、無意識にそれをパフォーマンスしてしまうということなのです。

　例えばパフォーマンス中、仲間同士でからかいや嘲笑が起こるようなことがあるかもしれません。そのとき、からかいをしたり思わず笑ったりした仲間の振る舞いをネガティブに捉えないでほしいのです。取り組まなければならないことに一生懸命に取り組もうとしている自分が恥ずかしくて、からかいや嘲笑というパフォーマンスになってしまったのかもしれません。誰かがからかいを含んで笑ったら、お互いに照れ笑いをしているなと思ったら、それこそ発達のチャンス！「今、皆で、普段はやらないようなことに取り組んで、皆で乗り越えようとしている！」と思ってください。頭の中から世界に飛びだして仲間と関わっているからこそ起こる気持ちと身体の表現なのです。それが、パフォーマンスなのです。

　性について扱おうとしているあなたのその状態がすでにポジティブです。それを思う存分にパフォーマンスしてください。未来の子供達の命をまもるための教材づくりに、存分に生かしてください。

[4-3] 性について自己決定させる動画をつくろう！

　さぁ、いよいよ動画づくりをします。仲間との共同を通して、未来の子供達の命がより一層煌めくことを期待しています。性の繊細さと尊さをパフォーマンスできる教員を目指して、レッツ、パフォーマンス！

［用意するもの］

・撮影機器（スマホ、ビデオカメラ等）
・編集機材（スマホ・PC等）
・上映機器（プロジェクター・スクリーン等）

［手順］

(1) 全体を4チームに分けます（人数が多い場合には1チームを3人1組の小グループに分けます）。
(2) 下記から担当するテーマを決めます。
　　Aチーム：恋愛「好きだから別れられない」

Bチーム：セックス「好きだから言いづらい」
　　Cチーム：自慰行為「恥ずかしくて相談できない」
　　Dチーム：性感染症「気まずくて言いだせない」
(3) 上記のそれぞれをテーマにしたビデオ教材を作成します。その際［動画作成時の条件］［内容のヒント］［脚本のヒント］［撮影のヒント］［編集のヒント］をそれぞれ確認してください。対象学年は自由に設定します。
(4) 完成したら、皆で鑑賞会をします。
(5) 小グループでp.183の学びのふりかえりをします。

［動画作成時の条件］
・全員が出演すること／チームワークを発揮すること。
・1分以内であること（小グループがいくつかある場合。グループ数が少なければ3～5分以内）。
・動画をみた子供達が性について自己決定できるようになること（動画内では悩みを解決しないこと）。
・科学的根拠に基づくこと（対象学年や子供の実態に合わせて資料にルビをふる工夫を忘れずに）。

［内容のヒント］
【Aチーム：恋愛「好きだから別れられない」】
デートDV：恋人間で起こる下記5種類の暴力のこと。

表10-2　デートDVの種類（男女共同参画局, 2016を参考に筆者作成）

暴力の種類	キーワード	具体例
身体的暴力	**からだ**	なぐる、ける、つねる、など身体に危害を及ぼす暴力
社会的暴力	**つながり**	いわゆる過度な束縛のことで、友達関係を監視・制限する暴力
精神的暴力	**こころ**	大声でどなる、無視する、人前でバカにするなど、心を傷つける暴力
経済的暴力	**おかね**	デート代を全て負担させるなど、金銭的な負担を相手に強いる暴力
性的暴力	**せい**	無理やりキス・セックスをする、避妊に協力しない、エッチな写真を送るように強要するなど、同意のない性的な行為に関する暴力

＊かっこおせ　⇒{（　）}⇐で覚えてネ

性的同意：性的な行為に対して同意すること。

性被害に遭ったら：☎ #8891（はやくワンストップ支援センター）

月経前症候群（Pre-Menstruation Syndrome 略して PMS）：月経予定日（月経についてはBグループのヒント参照）の3日～1週前くらいになると、心身不安定になる症状のこと（松本，2004）。

例：身体的症状：頭痛やむくみ、胸の張り、肌荒れなど。

例：心理的症状：ちょっとしたことでイライラ、喧嘩しやすい、否定的になるなど。より心理的症状が強く出るとPMDD（月経前不快気分障害）の場合がある。

【Bグループ：セックス「好きだから言いづらい」】

排卵・妊娠・月経の仕組み（個人差あり）（荒堀ら，2012）

① 月に一度、脳からの指令で卵巣内の卵胞が成長する。
② 一番大きくなった卵子が飛び出す（排卵）。
③ 卵管采が受け止め卵管で精子を待つ（24時間）。
④ 一方その頃、脳からの指令で子宮内膜が充血し始める。
⑤ 精子が到着し受精卵♡となった場合、卵管を通って子宮に向かう。
⑥ 子宮内膜に着床したら妊娠が成立する。
⑦ 受精卵が到着しない場合に子宮内膜が剥がれ落ち（月経）①へ。

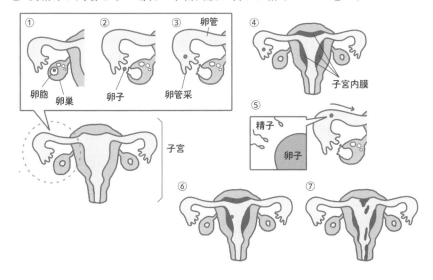

第10章 まもる

勃起・射精の仕組み（個人差あり）（納富, 2012）

① 精巣で精子が作られ（70日～80日）、精巣上体で蓄えられる。
② 副交感神経が刺激されると陰茎の海綿体に血液が集まる（勃起）。
③ 交感神経が刺激されると精子が精管を通って精嚢に送られる。
④ 分泌液・前立腺液と混ざって精液となる。
⑤ 射精菅と尿道を通って精液が出る（射精）。

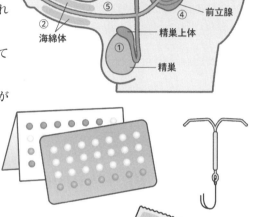

性行為同意年齢：性行為の同意を自分で判断できる年齢（16歳）。

避妊：セックスの際に妊娠を避けること。

表10-3　避妊方法と避妊確率（ケーソンら, 2023 より筆者作成）

避妊方法	具体的な方法	理想の避妊確率	実際の確率
子宮内システム（IUS）	子宮に装着し着床を防ぐ	99.7	99.6
子宮内避妊具（IUD）	子宮に装着し精子を阻害する	99.4	99.2
経口避妊薬（ピル）	排卵を抑制する	99.7	93
コンドーム	ペニス（陰茎）を覆う	98	87
基礎体温	体温変動から排卵日を予測する	95～99.6	85

人工妊娠中絶：妊娠21週までに人工的に流産させること

　母体保護法により① 健康上、② 経済的、③ レイプされた場合に限り認め

られている。

【Cグループ：自慰行為「恥ずかしくて相談しづらい」】
自慰行為：性的快楽のために自分に触れたり刺激を与えたりすること。
自慰行為の手順
① プライベート空間を確保する。
② 清潔な手で行う。爪を切る。尖ったものは使用しない。
③ 自分の身体を確かめながら、力の加減に気を付ける。
④ 終わった後は体液等を綺麗に処理し、手を洗う。

表10-4　自慰行為の利点と欠点（メル，2023より筆者作成）

利点	欠点
快感を得られる。	公的な場所では犯罪になる。
他の人とのセックスを遅らせる、性感染症のリスクが低い。	過度な行為は外傷や感染症を起こす。
自分の身体に責任を持つ、自分の身体の変化に気付き健康を保つ。	基本的生活習慣が守られていないと不衛生。
痛みの緩和、ストレスの軽減、睡眠の改善、（男性は）前立腺の健康。	性的感度が低下する可能性がある。

勃起不全・障害：性行為の際に十分な勃起を達成・持続できないこと。
膣内射精障害：膣内で射精できなくなること（勃起とは無関係）。自慰行為での強い刺激に慣れてしまい起こる場合がある（小堀，2015）。
虐待の可能性：知的障害の有無にかかわらず、周囲が気付くほどの過度な自慰行為をしている場合や、性器に外傷がある場合には性的虐待を受けている可能性がありますので児童相談所（児童相談所虐待対応ダイヤル：189）に通報してください。

表10-5　誤った男性の自慰行為
（日本性科学会，2005より）

1	シーツにこすり付ける
2	布団や枕を股間に挟んでこする
3	うつ伏せで手を添えて腹圧をかける
4	ペニスを股間に挟んで圧迫する
5	畳にこすり付ける
6	週刊誌に挟んでこする
7	会陰部をクッションにこすり付ける
8	強すぎるグリップ
9	ひとりでないと射精不可
10	包茎手術後に実施
11	ピストン運動でない方法
12	上向きでないと射精不可
13	早すぎるピストン
14	足を突っ張る

※男子高校生の75%がオナニーを経験済みと回答（日本性教育協会，2013）。

【Dグループ：性感染症「気まずくて言い出せない」】

性感染症：病原体（細菌・ウィルス等）を持つ人との性行為（性的接触）で生じる病気のこと。

感染経路：粘膜（目・口腔／鼻・性器・肛門など、傷口から血液感染の場合もある）。

表 10-6　性感染症の主な種類や症状 （日本産婦人科感染症学会，2018より一部改変）

種類	感染源	症状
淋病	淋菌	白いウミ
尖圭コンジローマ	ヒト乳頭腫ウィルス	カリフラワー状のイボ
性器ヘルペス	HSV－2ウィルス	赤いブツブツ・水ぶくれ・ただれ
梅毒	梅毒トレポネーマ	しこり→症状が治り潜伏→赤い発疹→症状が治り潜伏……人によっては自覚症状なし！
クラミジア	クラミジア・トラコマーティス	自覚症状ほとんどなし！　病原体の保持は検査によってわかります
AIDS	HIV	潜伏期間を経た後に発症（発症まで自覚症状なし！）ウィルスの保持は検査によってわかります

性感染症の予防：こけし

　コンドームの使用（100%防げるわけではありません）

　けん査にいく（保健所では無料・匿名で検査してもらえます）

　しない

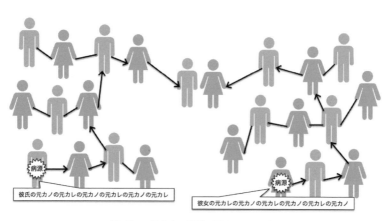

図 10-1　見えない連鎖 （郡司，2018より）

コンドームのポイント：さいたはな🌷

　さいしょから：勃起後すぐ、挿入前に必ず！
　いちまいだけ：心配になって２枚重ねるのはダメ！　摩擦で破れます！
　ただしく：表裏、包皮を下ろす順番を間違えると途中脱落！
　はーどけーすに入れて：お財布に入れたものにはみえない穴が……
　なんどでも：２回目の精液にもしっかり精子が含まれています！
　［脚本のヒント］
・情報を詰め込まないこと。本当に伝えたい大切なことを選択します。
・具体的なシーンの方がみている人には理解しやすいです。
　［撮影のヒント］
・役割：「誰がどんな役割なのか」がみてすぐにわかるようにします。
・コマ撮り：短いシーンをつなげた方がみやすいです。
・大袈裟：自分が思っているよりも大袈裟に演じた方がわかりやいです。
・音：機械は全ての音を拾います。雑音のない環境で。
・横持ち：スクリーンは横長です。スマホは横持ちで。
・アングル：遠目よりもアップ目の方がみている人に伝わりやすいです。
　［編集のヒント］
・短く：「間（ま）」はできるだけない方がみやすいです。カットしましょう。
・テロップ：セリフはテロップがあった方がわかりやすいです。特に雑音の多い環境で撮影した場合には必ず入れましょう。
・長さ：本当に大切なシーンだけを残しカットする勇気を持ちましょう。
・BGM：効果的な音楽を入れた方がみている人の心に響きます。
・クレジット：音楽等を用いた場合には引用元をきちんと示しましょう（テロップ、エンドロール等で）。

　［5］ 学びのふりかえり

＊性は「教育」すべきことなのか？を読んでみて
　・あなたの性に対するイメージは？　どの程度聴ずかしさを感じましたか？
　・性は教育すべきことなのか？に対する回答を五七五で表すと？　その理由

は？
- 性に対してネガティブであることも多様性としてのひとつの価値観だと思いますが、教員がネガティブに捉えたまま、子供達に「性のポジティブさ」を教育するにはどのような工夫が考えられるでしょうか？
- 子供達の命を「まもる」自信はつきましたか？
- これから身に付けたい性に関する知識は何ですか？ どうやって身に付けますか？

＊動画作成学習をやってみて
- 工夫できたと思う点は何でしたか？ 難しかったことは？
- 仲間のパフォーマンスで真似したいと思ったことは？

ふりかえり 4つの木！ 　　　　　　　　　　　　　　　　未来のあなたへのメッセージ
①気に入ったこと、②気になること、③気付いたこと、④キープしておきたいことを書き留めておこう！

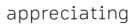

ありがとう

> ここまで一緒にパフォーマンスをしてきてくれて、心から、ありがとうございます！本章では最後に、教員が教員でいられること、私達が私達でいられること、子供達が子供達でいられること、当たり前のような日常に感謝するための練習をします。「え、なんでそんなこと？」と思うかもしれません。そもそもなぜ人は感謝をするのでしょうか。皆さんはそうした前提を考えたことがありますか。本章では「ありがとう」というパフォーマンスを通して、他者と関わり、教員として発達していくことを目指します。

[1]「感謝する」際のポイント

これまでみなさんが繰り返し練習してきたパフォーマンスを思い出してみてください。あなたのパフォーマンスがパフォーマンスとして成立してきた背景には誰がいましたか。あなたがその都度、関わってきた相手に対してどんな気持ちを伝えてきましたか。

グループをつくるとき、「よろしくお願いします」と挨拶しましたか。グループを解散するとき「ありがとうございました」とお礼を伝えましたか。挨拶もお礼も、もちろん心を込めることが一番大切ですが、まずは心のこもったパフォーマンスができるようにならなければ、真の意味で心のこもった挨拶やお礼、ましてや感謝の気持ちは伝えられるようにはなりません。

感謝する際のポイントは、まず**「言葉にする」**ことです。「同じ時間を過ごしてくれてありがとう」「皆でこの場をつくってくれてありがとう」と伝えるだけで、その場が明るくなります。「あぁ、よかったな」と思うことができたら、相手に思ってもらえたとしたら、それだけで大成功です。

もしかしたらあなたが過ごした時間は「そうならなかった可能性」も十分にあり

えるのですから。

∵∴∵∴∵∴ **Column 16：「感謝」の語源** ∵∴∵∴∵∴∵∴∵∴∵∴∵∴

滅多にないことの「ありがたし（有り難し）」が語源で、仏教の教えから来ているそうです。感謝の「感」の字は、心が動くということ。「謝」の字は言葉を射る、つまり発する・伝えるという意味で、自分の気持ちを態度で表すことです。つまり感謝とは相手に対してありがたいという気持ちを言葉にして伝える、あなたの動いた心を、相手に伝えるという行為です（広辞苑）。

[2] ウォーミングアップ：UPSET （ロブマンら，2007より）

① 声をださずに「誕生日順」に一列に並びます。
② 一列に並んだら答え合わせをしましょう。

［ポイント］

☺ 難易度を上げるために「指で数字をつくるのは禁止」のルールを加えると良いでしょう（体全体で数字を表現、季節、旬の食べ物、祝日、イベントなどを体で表現といったバリエーションを増やすと盛り上がります）。

☺ ジェスチャーさえも禁止して、唇の動きだけで情報交換をするのも盛り上がります。

∵∴∵∴∵ **Column17：失ってから気付くのでは遅い** ∵∴∵∴∵
── 教育は未来に備えるためのもの

筋肉痛や寝違えを経験すると、健康な身体の状態の有り難さがわかります。キャンプに行けば日常の便利さが、水中に潜れば空気の当たり前さが、ひとりぼっちになると誰かの温かさが身に染みます。残念ながら人は、自分が普段当たり前に持っているものを失ってからでないと、その有り難みに気付くことはできません。仮に一度痛みを経験したとしても、「喉元過ぎれば熱さを忘れる」という諺にあるように、その悲劇を忘れてしまう生き物なのです。教育が未来のリスクに備えるためにあるものだとしたら、せめて失ってしまう前に今ある「所与のものに感謝する」という最低限の習慣を身に付けさせたいものです。

[3] 基礎編：学校教育のない世界をパフォーマンスしよう！

まずは基礎編で「学校教育を受けない子供達が大人になった社会」をパフォーマンスします。設定は次の通りです。

［設定］

日本の文明が滅びてしまいました。目の前には30人の7歳児がいます。あなたは教員です。目の前の子供達に最初に教える大事なことを3点決めなければなりません。

［手順］
(1) 4人組をつくります。
(2) 1人は「教員」、3人は「子供」です。
(3) 4人で相談して「目の前の子供達に最初に教える大事なことを3点」考え、実際に教える場面を演じてみてください。なぜその3点が大切なのか、その理由も併せて考えましょう。パフォーマンスの時間は1分間です。

（細かい設定は自由に想像してもらって構いませんが、大人はあなたひとりだけです。学校教育がない、文明がない、そんな世界にあなたは放り込まれました。無法地帯の子供達30人を目の前に、あたふたしている自分の姿を想像したでしょうか。それとも、子供達を堂々と仕切り、指示を出し、テキパキと行動する自分を想像しましたか。）

［シナリオのヒント①：シーンの流れは？］
① 学校教育がないせいで子供達は○○。
② そこで教員であるあなたが教育だ！
③ 子供達が変化する！

［シナリオのヒント②：どんなことを教えますか？］
・火の起こし方、獲物の狩り方、食べられる植物の見分け方、家の作り方、布の織り方など衣食住に関すること？
・挨拶の意味、他者と協力することの重要性など、集団維持に関すること？

- 文字の書き方、数の数え方、お金の概念など、より文明社会に近いこと？
- 私達人間社会を維持するための重要な要素とは？

(4) パフォーマンス後は、p.191の学びのふりかえりをします。

Column 18：物理的な距離は心の距離
(たった3秒の工夫！)

教室でグループをつくるとき、身体的な距離がどれくらい離れているのかを意識したことはありますか。自己紹介をするとき、あなたのおへその向きはどちらを向いていますか。椅子の背中はどっちをみていますか。あなたと仲間の間に、椅子の背中がこっそり紛れていませんか。グループワークをするとき、頭の位置が離れれば離れるほど、身体の向きが揃わなければ揃わないほど、身体の間に障害物があればあるほど、心の距離は離れていきます。物理的な距離は心の距離。少しでも活動を盛り上げるために、まずは物理的な空間配置を工夫してみてください。

［4］応用編：チーム学校で学び続けよう！

本章の応用編は、多様な仲間と出会い、関わり、あなたがチーム学校の一員であることを実感できるようワールドカフェ（アニータら，2005より一部改変）を体験します。ワールドカフェは、会議だと堅苦しい、居酒屋だと崩れ過ぎてしまうその中間のカフェならば自然体でおしゃべりの豊かさを活用できるというアイディアを利用した方法です。仕掛けはミツバチによる「他花受粉」です。花から花へ花粉を体につけて飛び回るイメージ。花粉はどんどん拡がっていき、異なる遺伝子が出会い、新たな種が生まれるという仕組みになっています。

［手順］

(1) 4人でひとつのカフェです。2人ずつ、向かい合って座ります。

(2) テーブルに1人1枚のA3用紙、ないしは模造紙を1枚用意します。

(3) (2)で用意した、紙はランチョンマットあるい

はテーブルクロスです。真ん中に楽しげなテーマを書きます（テーマ例：こんな教員になりたい！／こんな学校にしていきたい！／こんな子供達を育てたい！／こんなクラス最高！／こんな風に保護者と関わりたい！）。

(4) マスターを1人決めます。「この人ならカフェのマスターみたいに話を引き出してくれる！」という人をせーので指名します。せーの！

(5) カフェ名を決めます。マスターにちなんだ名前でも、皆の共通点でも何でもOKです。ランチョンマットに楽しげな感じで書き加えてください。

(6) マスターは常連さんに「何飲む？」と聞いてください。楽しい雰囲気づくりをしましょう。

(7) 落書きをしながら自由におしゃべりをします。p.190のMENUを参考に。

(8) 時間になったら、常連さんはみつばちの様に散って、色んなカフェに移動しておしゃべりをします。ランチョンマットと筆記用具を忘れずに。

(9) マスターはカフェに残って、次のお客さんにこれまでの対話を説明し、新しい話題で盛り上げます。「いらっしゃいませ。お客さん、何飲みますか？」を忘れずに。

(10) 最後はホームカフェに戻って、涙の再会を楽しみます。「ただいま」「おかえり」の後は世界のカフェを巡ってきた常連さんと、ホームカフェで起きた対話をそれぞれシェアします。

(11) 終わったらp.191の学びのふりかえりをします。

M E N U
例：チーム学校／学び続ける教員像

Appetizer
教員の業務は多種多様

　日本の学校教育では、学習指導だけでなく生徒指導にも力を入れており、教育の目的である人格の完成を目指して教育制度が整えられています。

> トークテーマ① 学校教員の仕事にはどんなものがある？

Soup
変化し続ける社会に対応するための開かれた教育課程

　変化の激しい現代社会では、インターネットの普及、生成系AIの誕生といったように新しい技術の進化とともに、子供達に身に付けさせることも変わっていきます。学校ではその都度、教育水準を向上させていくことが求められているのです。

> トークテーマ② 今、そしてこれからの子供達に身に付けさせるべきこととは？

Main / Pasta
地域や専門職との連携の必要性

　子供達は学校の中で生きていくことを目指して教育を受けるのではなく、卒業後、社会で自立した人間として生きていくために教育を受けます。社会に旅立つ子供達のために、日頃の教育活動でどのようなことができるでしょうか？また、学校の中で起きた問題（いじめ・非行・不登校・虐待・性被害／加害・貧困・発達障害・精神疾患などなど）をどのように解決していったら良いでしょうか？ ※生徒指導は、問題が起きてから（困難課題対応的生徒指導）よりも日頃の日常的な予防としての発達支持的生徒指導が重要です。

> トークテーマ③ 誰に、どんな協力をしてもらって、どんな教育をしていきたい？

Desserts
学び続ける教員像を目指して

　日本の学校教員は、「学校運営チームメンバー（校長、副校長・教頭、主任）以外の校内の同僚」からフィードバックを受ける割合が他国と比較して高く、そうしたフィードバックによって自らの指導に良い影響があったということが国際調査で明らかになっています（TALIS, 2018）。また、仲間と共同する習慣が日頃から身についており、より良い指導のために「お互いに助け合う協力的な学校文化がある」と回答した割合が他国と比較して高いこともわかっています。これは、非常に誇るべきことです。

> トークテーマ④ どんな教員／チームになりたい？

Drinks

> その他、話したいことを自由にどうぞ！

[5] 学びのふりかえり

＊学校教育のない世界をパフォーマンスしてみて
- 現在の学校教育は社会のどんな役に立つのでしょうか？
- これまでの先人が積み上げてきた恩恵を我々が受けていることについて、どんなことに感謝したいですか？
- 教員として堂々と振る舞えましたか？

＊ワールドカフェをやってみて
- 仲間のどんな話に興味を持ちましたか？あなたが出会った考えや思いは？
- チーム学校の一員としてあなたはどんなことに貢献できそうですか？
- 別れ際に「ありがとうございました！」と笑顔で伝えられましたか？
（今、伝えて！）

Column 19：教員はマグロ!?

　教育実習生は、子供達の「わからない」は「自分のせいだ」と自然に思います。自分が指導される・学ぶべき立場であることをわかっているからです。自分の教え方が未熟だということを直感的に理解します。ところが教員免許を取得し、教壇に立ち、ときが経つにつれ教員としての指導技術が身に付いていくようになると、子供の「わからない」が「子供自身のせいだ」と変化していくようになります。子供のやる気がないせいだ、発達が遅いんだ、勉強しないからだ、努力しないからだ……。教員は指導することが習慣化すると、学ぶ立場であることを忘れてしまうようになるのです。そんなときこそ、生涯泳ぎ続けるマグロのように、教員として学び続ける存在でありたいと思うようにしています。ひとりとして同じ子供はいません。それぞれが個性を持った、愛すべき存在です。その子供の数だけそれぞれに学び方があるのだとしたら、私達はひとりひとりに合致した教え方を身に付けるために学び続けなければなりません。私達は、**教え方の学び続けという大海を泳ぎ続けている**のです。

ふりかえり　4つの木！　　　　　　　　　未来のあなたへのメッセージ
①気に入ったこと、②気になること、③気付いたこと、④キープしておきたいことを書き留めておこう！

第11章　ありがとう

この本に出会ってくれてありがとう

　お疲れ様でした！あなたはこの本を通してどれくらいの人に出会ってきましたか。どんな関わりをして、どんなことを学びましたか。毎回異なる仲間に出会いながら、教員としてのパフォーマンスを磨くことはできたでしょうか。
　この本では、より多くの人に出会い、関わることを大切にしてきました。頭の中から飛びだし世界と関わるとき、いろいろな人生を生きる登場人物と出会った方が、あなたという人生のストーリーがより豊かになると思ったからです。
　人間は誰かと関わることで、その誰かの影響を必ず受けているものです。あなたの家族や友達以外にも、街中で出会う店員さんや道ですれ違う人、小さな行為から人生を揺るがすような出来事までが、あなたが意識するかしないかにかかわらず、あなたという人間を形づくる上で影響しているはずです。だから同時に、あなた自身が誰かに影響を与える可能性が無限にあるし、あなた自身も誰かに出会うことでどんな風にも変わっていける可能性が無限にあります。
　「もし、あのとき、あの人と出会っていなければ、今の私がいない」
　私は、いつもこの感覚に、嬉しくて嬉しくて震えます。嬉しくて、皆に感謝の気持ちでいっぱいになります。どんなことも今の私という人間を形づくる大切な出会いだったからです。「アンサング・ヒーロー」という言葉があります。みんなに賞賛されるようなヒーローではないけれど、誰かにとっての英雄であるという意味です。あなたは今日、誰かにとってのアンサング・ヒーローになるかもしれません。いいえ、皆さんは、もう既に、確実に誰かのアンサング・ヒーローになったと思います。授業のリフレクションペーパーを読むと「褒められて嬉しかった」「苦労したけど共同できて楽しかった」と、自分以外の他者との関わりについて記述する学生さん達が大勢います。ときには個人名を挙げて「感謝！」と書く学生さんもいます。授業の冒頭では想像もしなかった90分後の未来なのでしょう。自分ひとりでは想像もできないような未来が訪れるのは、周りの人達との共同があったからです。

人によっては、頭の中から世界に飛びだすことが苦手で、他者と関わることに楽しみを見いだせなかった人がいたかもしれません。それでもどうか、仲間とパフォーマンスし続けることを諦めないでほしいのです。
　そうそう、ちょうどこの本を書き終えた日、夫とホットサンドを焼くことにしたんです。火加減や時間を調整して工夫したのですが、焼き過ぎて真っ黒に焦げて「失敗」してしまいました。上手くできなかったのです。
　私は、真っ黒に焦げた部分をかじりながら、夫に向かって「そういえばさ、本の原稿を書き終えたんだけどさ〜。この本のせいで、読者がパフォーマンスを嫌いになったらどうしようって思っててさ……。上手い下手じゃなくて、やってみることに価値があるって伝わったらいいんだけどねぇ。……うん、チーズがいい味だしてるよ、焦げちゃったけど美味しいよ」と「美味しいよ」とは言いながらも、きっと表情は微妙で、この本の伝えたいことが読者に伝わるかどうか不安で弱気になっていました。
　すると、みかねた夫は笑いながら「今回さ、黒焦げにして失敗したからって、もう二度とホットサンドをつくらない！とはならないだろう？きっとまたつくるだろうし、次は上手につくりたいって思うよね。人と関わることも同じだよ。パフォーマンスが上手くいかなかったらといって、きっとやめたりしないよ。というか、人と関わることは常に練習だって、次は上手くやろうって思ってもらえるような本になったらいいね。そもそも、黒焦げにしたことを『失敗』と捉えるから失敗になるわけで、上手になる過程だと思えばいいんじゃないの」と言ってくれたのです。私自身は著者としてその言葉に救われたのですが、パフォーマンスが苦手だなとか、人と関わることは嫌だったなと思っているあなたはどうだったでしょうか。「**人との関わりに失敗などない！パフォーマンスし続けることに意味がある**」ということが伝わったでしょうか。
　この本を読み終えたあなたが、仲間とパフォーマンスすることに挑戦し、人と関わることがちょっとでもより好きになってくれたのなら。私はあなたと一緒に心から、両手を広げてダブルピースでジャンプをして大喜びしたいです。
　最後になりましたが、なかなか筆の進まない私を辛抱強く励まし時に華麗に踊ってくださった北樹出版の福田千晶

この本に出会ってくれてありがとう ┊ 193

さんと可愛くて素敵なイラストでパフォーマンスを盛り上げてくださった鴨田沙耶さんと細かく文章の添削をして文字のパワーでパフォーマンスを支えてくださった田津真里恵さん、人生をかけて共同の楽しさを教えてくれるのりちゃん、私をパフォーマーに育ててくれた両親、生きることのお手本を示してくれた紋次郎、これまで私と出会い関わってくださった全ての方々に感謝申し上げます。

　終わりに、私の大好きな詩を朗読してお別れをしたいと思います。私の声が、あなたに届いていますように。また会う日まで、さようなら。この本に出会ってくれて本当にありがとうございました。

　　　　　あいたくて

　　　　　　　　　　　　　工藤直子

だれかに　あいたくて
なにかに　あいたくて
生まれてきた——
そんな気がするのだけれど

それが　だれなのか　なになのか
あえるのは　いつなのか——
おつかいの　とちゅうで
迷ってしまった子供みたい
とほうに　くれている

それでも　手の中に
みえないことづけを
にぎりしめているような気がするから
それを手わたさなくちゃ
だから

あいたくて

引用文献

Akiyoshi Kitaoka 2003 水色と黄緑の渦巻き https://www.psy.ritsumei.ac.jp/akitaoka/VR2021.html（最終閲覧日 2024 年 7 月 31 日）

荒堀憲二・丸岡里香・仁木雪子 2012 女性の身体『性教育学』荒堀憲二・松浦賢長（編）pp.46-49. 朝倉書店

荒堀憲二・丸岡里香・仁木雪子 2012 妊娠・出産と避妊『性教育学』荒堀憲二・松浦賢長（編）pp.55-56. 朝倉書店

有元典文・尾出由佳・岡本弥生 2011 教育インターンの目的と意義——県立高校健康教室を事例として—— 教育デザイン研究（2), pp.49-57.

有元典文 2012 学ぶ意欲を高め，主体的な学習態度を育てる指導の在り方，平成 24 年度小田原市立泉中学校研究集録, pp.153-15.

有元典文 2013「先生になってみよう」（バートレット（1932）の記憶実験の図版を利用し，ワークショップ用に開発）

有元典文 2018「リードアップ」（カウントアップを元にワークショップ用に開発）

有元典文 2022「ひらめきストレッチ ペンのダンス」『コミュニティ・オブ・クリエイティビティ——ひらめきの生まれるところ——』奥村高明・有元典文・阿部慶賀（編）日本文教出版

浅野倫子 2021「視覚優位」子安増生・丹野義彦・箱田裕司（監修）『現代心理学辞典』p.284. 有斐閣

Carrie Lobman & Matthew Lundquist. 2007 Unscripted Learning: Using Improv Activities Across the K-8 Curriculum. Teachers College Press.（ジャパン・オールスターズ（訳）2016 インプロをすべての教室へ——学びを革新する即興ゲーム・ガイド—— 新曜社）

Charna Halpern, Del Close, Kim "Haward" Johnson. 1994 Truth in Comedy: The Manual of Improvisation, pp.67-68. Meriwether Publishing

中央教育審議会 1971 今後における学校教育の総合的な拡充整備のための基本的施策について（答申）https://www.mext.go.jp/b_menu/shingi/chuuou/toushin/710601.htm（最終閲覧：2024 年 8 月 22 日）

中央教育審議会 1996 21 世紀を展望した我が国の教育の在り方について（第一次答申）https://www.mext.go.jp/b_menu/shingi/chuuou/toushin/960701.htm（最終閲覧：2024 年 8 月 22 日）

中央教育審議会 2003 新しい時代にふさわしい教育基本法と教育振興基本計画の在り方について（答申）https://www.mext.go.jp/b_menu/shingi/chukyo/chukyo0/toushin/030301.htm（最終閲覧：2024 年 8 月 22 日）

中央教育審議会 2021 教育課程部会における審議のまとめ
　　https://www.mext.go.jp/content/20210312-mxt_syoto02-000012321_2.pdf（最終閲覧日：2024 年 8 月 22 日）
中央教育審議会 2021「令和の日本型学校教育」の構築を目指して（答申）【総論解説】
　　https://www.mext.go.jp/content/20210329-mxt_syoto02-000012321_1.pdf（最終閲覧日：2024 年 8 月 22 日）
中央教育審議会 2005 共通科目部分における各内容の具体的な例 https://www.mext.go.jp/b_menu/shingi/chukyo/chukyo3/023/siryo/attach/__icsFiles/afieldfile/2016/10/25/1378722_001.pdf（最終閲覧日：2024 年 8 月 22 日）
中央教育審議会 2019 児童生徒の学習評価の在り方について（報告）
　　https://www.mext.go.jp/component/b_menu/shingi/toushin/__icsFiles/afieldfile/2019/04/17/1415602_1_1_1.pdf（最終閲覧日：2024 年 8 月 22 日）
Csikszentmihalyi, M. 1990. Flow: The Psychology of Optimal Experience. Harper & Row.（今村浩明（訳）（1996）フロー体験：喜びの現象学　世界思想社）
男女共同参画局 2016 デート DV って？
　　https://www.gender.go.jp/policy/no_violence/date_dv/index.html（最終閲覧日 2024 年 7 月 31 日）
男女共同参画局 2024 性犯罪・性暴力被害者のためのワンストップ支援センター
　　https://www.gender.go.jp/policy/no_violence/seibouryoku/consult.html（最終閲覧日 2024 年 7 月 31 日）
Locke, E. A. 1968. Toward a theory of task motivation and incentives. Organizational Behavior and Human Performance, 3(2), pp.157–189.
古川洋平 2019 水平思考クイズゲーム ウミガメのスープ　幻冬舎
郡司菜津美 2013 教育環境デザインの事例研究（1）自己関与性の観点からみた性教育講演の学習環境デザイン 日本教育心理学会総会発表論文集, 55, p.525.
郡司菜津美 2016 日本の性教育と若者のキャリア育成『人間の形成と心理のフロンティア』伊藤良高・下坂剛（編）pp.59-62. 晃洋書房　※第 10 章の一部は本書の内容を一部加筆・修正したものです。
郡司菜津美 2018 身体と性にまつわる落とし穴　『ノードとしての青年期』高坂康雅（編）p.13. ナカニシヤ出版
郡司菜津美 2022 性教育指導観の理解を目指した授業の学習効果 - ジグソー法を用いて - 教育心理学研究 70(1), pp.67-86.
郡司菜津美 2024 生徒同士の対話に基づく性教育の学習環境デザイン - 認知的負荷は恥ずかしさを低減させるのか 日本教育心理学会総会発表論文集, 66, p.290.
Hochbaum, G. M. 1958. Public Participation in Medical Screening Programs：A Socio-Psychological Study, Public Health Service Publication, No.572

Holzman, L. 2009 Vygotsky at work and play. New York: Routledge.（茂呂雄二（訳）2014 遊ぶヴィゴツキー――生成の心理学へ――　新曜社）

Holzman, L. 2012 「ポーズで自己紹介」（筑波大学でのワークショップにて、Move and Copy より）

星野欣生 2007『職場の人間関係づくりトレーニング』pp.76-80. 金子書房

市川伸一 2011『現代心理学入門 3 学習と教育の心理学増補版』岩波書店

Juanita Brown・David Isaacs・World Cafe Community. 2005 The World Café: Shaping Our Futures Through Conversations That Matter. Berrett-Koehler Publishers（香取一昭・川口大輔（訳）2007　ワールド・カフェ――カフェ的会話が未来を創る――　ヒューマンバリュー）

香川秀太・有元典文・茂呂雄二（編）2019『パフォーマンス心理学入門――共生と発達のアート――』新曜社

河野麻沙美 2018「スキャフォルディング」質的心理学辞典，能智正博（編集代表）p.4. 新曜社

北光司 2022「歴史大富豪」学生のアイディアによる

国立教育政策研究所（編）2019　教員環境の国際比較：OECD 国際教員指導環境調査（TALIS）2018 報告書――学び続ける教員と校長――　ぎょうせい

こども家庭庁　児童相談所虐待対応ダイヤル「189」について
https://www.cfa.go.jp/policies/jidougyakutai/gyakutai-taiou-dial（最終閲覧日 2024 年 8 月 22 日）

小堀善友 2015「泌尿器科医が教える――オトコの「性」活習慣病――」中央公論新社

Lucille Alice., Suchman. 1987　Plans and Situated Actions : The Problem of Human-Machine Communication. Cambridge: Cambridge University Press.（佐伯胖（監訳）1999　プランと状況的行為――人間・機械コミュニケーションの可能性――　産業図書）

Lave, J., & Wenger, E. 1991　Situated Learning: Legitimate Peripheral Participation. New York: Cambridge University Press.（佐伯胖（訳）1993　状況に埋め込まれた学習――正統的周辺参加――　産業図書）

松本清一（監修）2004「月経らくらく講座――もっと上手に付き合い、素敵に生きるために――」文光堂

Mel Gadd. 2021　Masturbation, Autism and Learning Disabilities: A Guide for Parents and Professionals. London: Jessica Kingsley Publishers.（木全和巳（訳）2023　自閉症と知的しょうがいのある人たちへのマスターベーションの理解と支援：親と専門職のためのガイド　クリエイツかもがわ）

文部省 1999『学校における性教育の考え方、進め方』ぎょうせい

文部科学省（国立教育政策研究所）2013　評価規準の作成，評価方法等の工夫改善のための参考資料（高等学校 専門教科）https://www.nier.go.jp/kaihatsu/hyouka/k-sen/9_ksen_

all.pdf（最終閲覧日：2024 年 8 月 22 日）

文部科学省（国立教育政策研究所）2015 生徒指導リーフ「自尊感情」？それとも、「自己有用感」？　https://www.nier.go.jp/shido/leaf/leaf18.pdf（最終閲覧日 2024 年 8 月 22 日）

文部科学省 2017 中学校学習指導要領（平成 29 年度告示）解説

文部科学省 2016 小中一貫した教育課程の 編成・実施に関する手引
https://www.mext.go.jp/component/a_menu/education/detail/__icsFiles/afieldfile/2019/08/29/1369749_1.pdf（最終閲覧日：2024 年 8 月 22 日）

文部科学省 2019 新学習指導要領の全面実施と学習評価の改善について
https://www.mext.go.jp/content/20202012-mxt_kyoiku01-100002605_1.pdf（最終閲覧日：2024 年 8 月 22 日）

成田秀夫・赤塚和繁 2016 高校の先生たちはどこで悩んでいるのか―どうする？アクティブ・ラーニング！：先生のための相談室　中原淳・日本教育研究イノベーションセンター（編）『アクティブ・ラーナーを育てる高校―アクティブ・ラーニングの実態と最新実践事例』pp.61-82. 学事出版

日本産婦人科感染症学会（編）　2018 産婦人科感染症マニュアル　金原出版

日本性科学会（監修）2005 セックス・カウンセリング「入門」改訂第 2 版　金原出版

日本性教育協会 2013「若者の性」白書―第 7 回青少年の性行動全国調査報告　小学館

日本性教育協会 2019「若者の性」白書―第 8 回青少年の性行動全国調査報告　小学館

納富貴 2012 男性の身体『性教育学』荒堀憲二・松浦賢長（編）pp.35-45. 朝倉書店

奥村高明 2022「ラウンド・スケッチ」『コミュニティ・オブ・クリエイティビティ――ひらめきの生まれるところ――』奥村高明・有元典文・阿部慶賀（編）日本文教出版

Rosenstock, I. M. 1974 Historical Origins of the Health Belief Model, Health Education Monographs, Vol.2, no.4, pp.328-35.

Ryan, R.M., & Deci, E.L., 2000 Self-Determination Theory and the Facilitation of Intrinsic Motivation, Social Development, and Well-Being. American Psychologist, 55, pp.68-78.

齊藤侑貴・郡司菜津美 2019 インプロを用いた授業の学習効果　横浜国立大学教育学会研究論集 6, pp.57-67.

清家隆太 2010「アテレコ」(Dubbed Movie をワークショップ用に命名したもの)
https://improvencyclopedia.org/games//Dubbed_Movie.html#google_vignette（最終閲覧日：2024 年 8 月 22 日）

杉浦義典 2021「気質（論）」子安増生・丹野義彦・箱田裕司（監修）『現代心理学辞典』p.144. 有斐閣

総務省統計局 2021 令和 2 年度国勢調査（人口等基本集計）

高橋雄介 2021「人格（パーソナリティ）」子安増生・丹野義彦・箱田裕司（監修）『現代心理学辞典』pp.615-616. 有斐閣

team Insiderrrr 2016「インサイダーゲーム」Oink Games

寺内大輔 2018 ヤクアテ　http://dterauchi.com/yakuate.html（最終閲覧日：2024 年 8 月 22 日）

東京都教育委員会 2019『性教育の手引き』https://www.kyoiku.metro.tokyo.lg.jp/school/content/files/about/text_kiso.pdf（最終閲覧日：2024 年 8 月 22 日）

上田信行 2013「unprepared mind」（Party of the Future（POF）のワークショップにて）

歌川広重 1833 東海道五拾三次　川崎　六郷渡舟（東京富士美術館より https://www.fujibi.or.jp/collection/artwork/04323/ 最終閲覧日：2024 年 8 月 22 日）

浦光博 2021「傍観者効果」子安増生・丹野義彦・箱田裕司（監修）『現代心理学辞典』p.706. 有斐閣

Vygotsky, L. S. 1978 Mind in Society：The development of Higher Psychological Process: (Edited by Michael Cole, Vera Jolm-Steiner, Sylvia Scribner, and Ellen Souberman.), Cambridge, MA: Harvard University Press.（Original work published 1930）

Vygotsky, L. S. 1986 Thought and language（A. Kozulin, Trans. and Ed.）, Cambridge:MIT Press.（Original work published 1934）

ヴィゴツキー，L. S.　2001　『思考と言語 新訳版』柴田義松（訳），新読書社．

ヴィゴツキー，L. S.　2003　『「発達の最近接領域」の理論──教授・学習過程における子どもの発達──』土井捷三・神谷栄司（訳），三学出版

ヴィゴツキー，L. S.　2005　『ヴィゴツキー教育心理学講義』柴田義松・宮坂琇子（訳），新読書社．

渡邊ひとみ 2021「性格」子安増生・丹野義彦・箱田裕司（監修）『現代心理学辞典』p.428. 有斐閣

Wood, D. J., Bruner, J. S., & Ross, G.（1976）. The Role of Tutoring in Problem Solving. Journal of Child Psychology and Psychiatry, 17(2), pp.89-100.

矢守克也 2021「正常性バイアス」子安増生・丹野義彦・箱田裕司（監修）『現代心理学辞典』p.432 有斐閣

米光一成 2018 はぁっていうゲーム　幻冬舎

※学習指導要領改訂の変遷については文部科学省 HP から筆者が表 8-1 を作成した。現在該当のページは閉鎖されているが、より簡素化した変遷の図が下記にまとめられている。
https://www.mext.go.jp/a_menu/shotou/new-cs/idea/1304360_002.pdf
（最終閲覧日：2024 年 8 月 22 日）

※学習評価については「学習評価の在り方ハンドブック」が参考になる。
https://www.nier.go.jp/kaihatsu/shidousiryou.html

※「イルカの調教」Keith Johnstone のワークショップに参加した高尾隆の教え子である内海隆雄より筆者がワークショップで指導を受けた

インプロゲームエクササイズアーカイブス

Season1 QR コード

https://youtube.com/playlist?list=PLSDrKR4HZDzSdSkHVG0VwO1zlatUmoGTB&si=j_
　　SHa2BXUvBAarN
・14番　サンキュー
・28番・29番　イエスアンドオブジェクト（事実）／（想像）

Season2　QR コード

https://youtube.com/playlist?list=PLSDrKR4HZDzTCrHiYIuHTIVQqwiP27HEb&si=uoXY
　　Lx0akFeVwXrq
・ネーム手裏剣（58番）
・なまえオニ（61番）
・ビービーゲーム（88番）

おまけ　もっとパフォーマンスしたいあなたへ！
「教育実践・研究のためのパフォーマンス演習」　QR コード
https://youtu.be/ghtVNmWSQIc?si=wkIBU40T_upusZ5W

索　　引

*あ　行

足場かけ　84, 87, 88
アテレコ　96
UPSET　186
アンサング・ヒーロー　192
unprepared mind　50, 55
イエス・アンド　37
イエスアンドオブジェクト　74
一条校　122
1分間おとぎ話　96
イルカの調教　106
インプロ　37, 91
インプロ川柳　93
ヴィゴツキー　84, 99, 100, 105, 129
Windows法　21
SBL方式　131, 132
オーディエンス・パフォーマンス　35

*か　行

カウントアップ　37, 40
学習活動　120
学習観　52, 54, 55, 129, 160
学習環境デザイン　107, 108
学習指導　72, 108, 151, 190
学習指導案　137, 140
学習指導要領　50, 91, 92, 122～126, 136, 140, 150～152, 170
学習の必然性　110, 111
学習のリスク　117, 162
学習評価　150
学級経営　92, 94
学級・ホームルーム経営　91
学校教育法　121～123, 150
紙芝居　148～150
感性や思いやり等　153, 154
観点別学習状況　151～153
　　――の評価　151
机間指導　80
義務教育　28, 113, 121, 122, 124
究極の2択　22
教育課程（カリキュラム）　122～124, 173
教育基本法　27, 28, 30, 31, 41, 57, 121, 122, 126
教育実習　20, 69, 191
教育的指導　104, 113
教育の目的　30, 57, 108, 130, 175, 190
教育の目標　32, 54, 89, 126
教員採用試験　14, 15
協働的な学び　58, 85～87
五七五　55, 93, 183
個人内評価　153, 154
個別最適な学び　58, 85～87
これなぁんだ？ゲーム　168

*さ　行

サンキュー　24
サンキューカード　25
30秒他己紹介　22
自覚性　166
ジグソー法　106
思考・判断・表現　152, 154, 156
思考力、判断力、表現力等　125, 150, 152, 154, 170
自己関与性　111
指導と評価の一体化　144, 148, 150, 155, 159
指導要録　150
授業観察　77, 78
主体的・対話的で深い学び（アクティブ・ラーニング）　50, 114, 125, 133, 141, 150
主体的に学習に取り組む態度　153, 154, 156, 159
職務上の義務　42
人格の完成　30, 31, 34, 89, 108, 113, 129, 130, 144, 169, 175, 190
随意性　166
水平思考ゲーム　90
スキャフォルディング　84
3changes　67
3ライン　95
性感染症　34, 164, 165, 178, 182
性教育　167, 169, 171～176
制限自己紹介　22
正常性バイアス　39, 48
正統的周辺参加　53
生徒指導　72, 94, 97, 108, 164, 173, 190
性の実践　171

背伸び　112, 129, 130
先生スイッチ　26, 29
先生になってみよう！　52

＊た　行
例え自己紹介　22
単元　154
チーム学校　91, 93, 94, 188, 190
知識及び技能　125, 150, 151, 154, 170
知識・技能　151, 154, 156
地方公務員法　41
懲戒処分　43, 44, 46
デートDV　164, 165, 178
動画作成　176, 178
動機づけ　110, 141
ドリームスクール　98

＊な・は行
何してるの？　120
名前鬼　24
名前手裏剣　23
日本国憲法　27, 28, 121, 122
はあっ？ていうゲーム　146
恥ずかしさ　167, 168, 175, 176
pass the face　24
発達　12, 17, 18, 91, 94, 108, 113, 114, 120, 125,
　　129～131, 175, 177, 185
発達の最近接領域　84, 99, 100
PMS（月経前症候群）　34, 179
非違行為　43, 44, 46
PBL方式　131, 133, 134
ビームスピーチ　75

非行少年　39
秘密の授業　111, 114, 115
評価規準　151, 156, 170
服務規程　41
分限処分　43, 44, 46
ペーパースカイツリー　109
Health Belief Model　148
ペンのダンス　50
傍観者効果　111
ポーズで自己紹介　23
保護者　56, 58～60, 62, 91, 93, 94, 96, 97
母体保護法　180

＊ま・ら・わ　行
学び続け　89, 98, 190, 191
学びに向かう力・人間性等　125, 150, 153, 170
3つ頭の専門家　37, 43, 46, 108
3つのホントと1つの嘘　21
ミニジグソー法　106
身分上の義務　42
もう一回読んで　29, 37, 108
目標に準拠した評価　151
モンスターペアレント　62
文部科学省　50, 57, 85, 91, 114, 122, 144, 150
ラウンドスケッチ　76
リードアップ　37, 40, 108
リフレーミング　145
レイヴ&ウェンガー　53, 141
歴史ドラマ　133, 134, 136
ワールドカフェ　188
私は木　94

著者プロフィール

郡司　菜津美（ぐんじ　なつみ）

国士舘大学文学部教育学科、人文科学研究科教育学専攻　准教授
専門：教育心理学・性教育
幼少期より国内外のいろんな世界を渡り歩き、人間修行継続中。大切にしている言葉は「さすが私達！」。趣味はロックバンド（ドラムボーカル）、キャンプ、ボルダリング、旦那さん。
著書：『パフォーマンス心理学入門――共生と発達のアート』（茂呂・香川・有元編著，2019，新曜社）、『コミュニティ・オブ・クリエイティビティ――ひらめきの生まれるところ』（奥村・有元・阿部編著，2022，日本文教出版）、『すべての子どもに寄り添う特別支援教育』（村上・中村編著，2023，ミネルヴァ書房）

パフォーマンス教職入門――みんなで一緒に育つために

2025年4月25日　初版第1刷発行

著者　郡司菜津美
発行者　木村　慎也

カバーデザイン／北樹出版装幀室　　印刷　モリモト印刷・製本　和光堂

発行所　株式会社　北樹出版
〒153-0061　東京都目黒区中目黒1-2-6
URL : http://www.hokuju.jp
電話(03)3715-1525(代表)　FAX(03)5720-1488

© GUNJI Natsumi 2025, Printed in Japan　　ISBN 978-4-7793-0766-9
（落丁・乱丁の場合はお取り替えします）